JN027048

hippie cocoのベアにまつわるお話と作り方

アンティーク・スタイルのテディベア

hippie coco

introduction

はじめに

この本を手にしてくださる方は、アンティークが好きな方でしょうか？　テディベアが好きな方でしょうか？　それともそのどちらもが好きな方でしょうか？

〝antique〟の世界は広くて、私の好きな世界はそのほんの一部分で、アンティークというよりはジャンクというほうがしっくりくるのかもしれません。
今の言葉で言えばジャンティークでしょうか？

私は「入手困難で価値のあるもの」には全然興味がなくて、ただ色だったりカタチだったり質感だったり、その存在感が自分にピッタリくるものだったら、どこの国のものでもどの年代のものでも構わないと思っています。
たまたま気がついたら、なぜか古いものが好きだなぁ、という感じです。
時代を超えてきたたくましさだったり、時間がまろやかにしてくれた質感や色が好きなんだと思います。

そして、そんな雰囲気をまとったテディベアが大好きなのです。
もちろん私のテディベアは現代の子なので、何十年という時をくぐり抜けてきたテディベアたちとは、同じ存在ではありません。
○○風、というものが好きではない私なのですが、テディベアに関しては、その愛され感をどうしても手放す事ができません。
古いものに見せたいというわけではなく、キャラクターとして取り入れている感じです。
王道のテディベアスタイルではありませんが、そんな私のベアを、誰かが作ってみたいなぁ、と思ってくださればとても光栄に思います。

このお仕事をいただいた時うれしかったのは、テディベアの本、テディベアにこだわった本だったこと。
一時のようなテディベアブームは去り、今はイベントでも、ベアよりうさぎや犬や猫のほうが売れやすいようなのです。

打ち合わせの時も「テディベアメインでいいんですね？　私の子もうさぎのほうが今は人気ですよ」と言ったのですが、
「テディベアの本にしたいんです」ときっぱり答えてくれたこと。

だって、テディベアはやっぱりぬいぐるみの王様だから。

CONTENTS

テ　ディ　ベ　ア　と　呼　ば　れ　る　理　由

とても有名なエピソードで、ご存知の方が多いとは思いますが、teddy bearの名前の
ルーツは、アメリカ合衆国第26代大統領セオドア・ルーズベルトのニックネームTeddy
です。

1902年11月、大統領は、趣味のクマ狩りに出かけました（当時は流行っていたよう
ですね）。
しかしその日大統領は1頭のクマも仕留めることができないでいたそうです。
気を利かせた付き人が、弱った子グマを紐で縛り、大統領が撃てるように仕向けまし
たが、大統領は「スポーツマンシップに反する」と言い、その子グマを撃つのを拒みま
した。その事が新聞に報じられ、報道を見たブルックリンにあった雑貨屋さんのモリ
ス・ミットムがクマのぬいぐるみを作り、Teddy's bearとして売ったところ、とてもよく
売れたそうです。
teddy bearの名前は、そこから始まりました。

幸いなことに、その名前が商標登録されなかったため、多くのメーカーがクマのぬい
ぐるみを、teddy bearと呼んで売りはじめ、1907年からは辞書にもはっきりとteddy
bear＝クマのぬいぐるみと、記載されるようになったのです。

「クマちゃん」「クマさん」でももちろん愛おしいのですが、teddy bearってなんだか
特別な響きがしませんか？
私はこの言葉には、なにか不思議な魔法があるように思えます。

初　め　て　の　ベ　ア

ところで、私も小さな頃、大好きなクマのぬいぐるみを持っていました。

今思えば、田舎町で大してしゃれた店もなかったのですが、当時は町にあったスーパーを、夢のデパートだと思い込んでいました。
その夢のデパートのショウウィンドウから、なにかひとつでも自分の胸に迎えられること、それだけで天に昇るくらい幸せでしたから、顔がどうこうなんて事はあまり気にしなかったように思うのですが、誕生日にその中からジョイントの入っていない素朴な茶色のクマのぬいぐるみを買ってもらったことがあります。

ある日、お昼寝から目が覚めた時に、そのくまっこさんが水玉模様のスタイをしていました。
私が寝ている間に母が作ってくれていたのですが、そんなサプライズを母がしてくれたのは後にも先にもその1回だけだったので、今も涙が出るほど素敵な眩しい夏の昼下がりの思い出です。

残念ながら、両親が家を建て替えた時あたりに、そのくまっこさんはどこかに消えてしまったのですが…。
うーん、ほんとに残念です。ごめんね、くまっこ。

hippie coco's world

好きなものなら、同じものをたくさん持っていてもいいんじゃないかな？　と思います。
だってそんなにテイストを大きく広げるって無理があるし、
なんだかちょっと嘘くさいし。

好きな色の組み合わせや好きな感じっていうのはだいたい決まっていて、
無意識でいると、必ず好きな色を選ぶと思うのです。

まわりからは「また同じの！」だとか「らしいねぇ」だとか、
「それ持ってない？」なんて呆れ顔で言われる事があるけれど、わざわざ持っていない
感じを買おう！　なんて頑張ってしまうと、自分の世界が台無しになってしまう事の
ほうが多いです。

ベア作りだってそうかもしれない。
自分にまっすぐ向き合って、正直に〝好き〟に向き合う事が大事。
「好き」というのは「いいなぁ！」というのと、ちょっと違う。
軽く「いいなぁ！」を全部取り入れちゃダメなの。

好き！　にまっしぐらなのがいいのですよね、きっと！

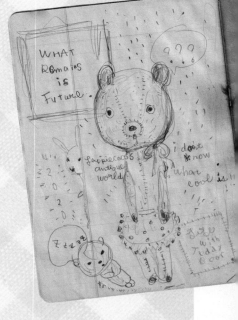

just believe what you like. that make your original world. i think so.

「usagi」2019

「duck＆不味い肉」2018

Okay, I introduce my best friend.
her name is Cuddly.
she is always with me.
of course even in my bed.
we having the same dream.

「neco-bear」2019

「twins」2018
この猫たちは「シャイニングの双子?」と聞かれた事がありますが、確かにクラシックな感じの
双子という共通点がありますね。映画などからイメージして作るのも面白いかもしれません。

「panda」2020
ロンパースはスモッキングされているクッションカバーからリメイクしました。メロンパンのよ
うなモコモコ感が面白く出ました。

「擬態な三匹」2019

they are dreaming to be another.

the cat wants to be a bunny.

the dog wants to be a cat.

then the bear wants to be a sheep.

「ナース服の猫とomotase linen bunny」2020

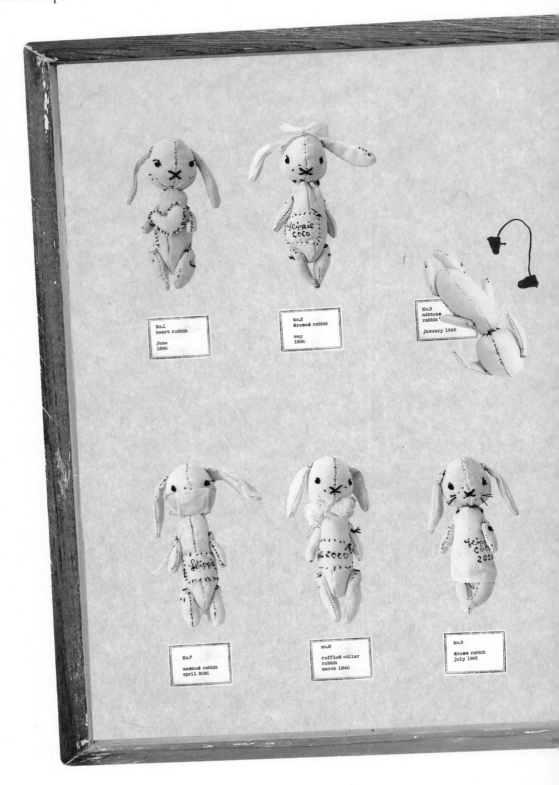

No.1
heart rabbit

June
1890

No.2
dressed rabbit

may
1890

No.3
mittens
rabbit

january 1945

No.7

masked rabbit
april 2020

no.8
ruffled collar
rabbit
march 1840

No.9

dress rabbit
july 1965

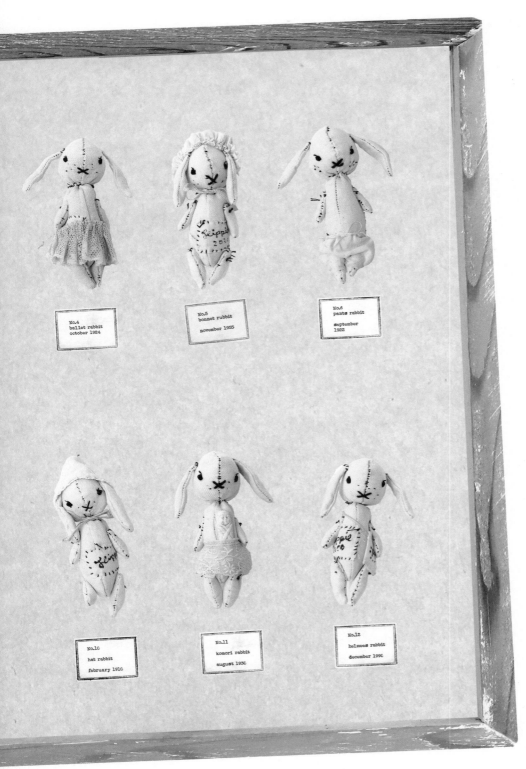

No.4
ballet rabbit
october 1924

No.5
bonnet rabbit
november 1955

No.6
pants rabbit
september
1922

No.10
hat rabbit
february 1916

No.11
komori rabbit
august 1930

No.12
helmoes rabbit
december 1990

お持たせバニー（P.94）たちの小物を変えて、たくさん作って
みました。テディベアのお持たせにはもちろん、アンティーク
にちょこんと添えても意外と存在感を発揮します。

ふりかえる

1980年代、私は文化服装学院に通いながら原宿にある古着屋さんでアルバイトをしていたのですが、当時はまだ竹下通りは今ほどベタな観光地ではなかったように思います。
おしゃれでかわいいアンティーク屋さんや古着屋さんもありました。
その中の一つに「WEEKENDS」という欧州雑貨のお店があり、私は休憩時間によくのぞきに行っていました。

ある日、水色の（おそらくチャド・バレーだったよう思います）とてもかわいいアンティークベアに恋をしました。
「バイトのお給料が入ったらこの子を迎えよう！」
そう決めて数日後のお給料日に迎えに行ったのですが、もう他の誰かのお家に行ってしまった後でした。

そのショックから立ち直れず、どのアンティークベアを見ても「あの子が良かったなぁ」と思ってしまい、この子だ！　という納得の子を迎えることは出来ずに、数年が過ぎていきました（逃した魚は大きいという幻想だったような気もするのですが）。

その後イギリスに行くことになり、1年半ほどイギリスで生活をしました。
そして帰国の時にイギリスの思い出として、絶対に理想の一体を連れて帰る！　と決め、ロンドンやブライトンにあるテディベアショップをたくさん回りました。
今思うととても滑稽なのですが、理想という幻想にかたくなになりすぎて、結局その一体は、またもや見つけられなかったのです。
その事自体は残念な事でしたが、ベア探しの時の1軒のお店で、私はベア作家という存在を知る事になりました。
お店で売られるテディベアは、工場で作られる物とばかり思っていましたが、個人で作っている人がいるという事を知り、それはかなりの衝撃でした。
そのお店は、残念ながらもう無くなってしまったのですが「Teddy bears & friends」という素晴らしい店でした。
そのお店の看板の絵を描いたのが、私の夫だったというのは余談ですが、奇遇というのは重なるものですね。

モヘアはどこで？　目玉はどこで？　ジョイントの仕組みは？　調べる間もなく、帰国の時が来るのですが、日本に帰ったら理想の子は自分で作るぞ！　と固く決意をしていました。

帰国後に色々調べていると、すでに日本でも作っている人がたくさんいて、テディベアのファンクラブもありました。
はやる気持ちで材料調達を開始し、制作にとりかかりました。はじめはもちろん理想の子は全くできなかったのですが、何度も何度もトライしました。
いったいどんな子が望みなのか？　実は自分でもちゃんと解っていなかった気がします。
あまりにもベアがたまってくるので、材料費位で売ってみようかな？　と思ったのが、出展のきっかけです。
そこでお客様や作家さん、本物のベア愛に触れて、私の中にあった漠然とした「理想」という憑き物が取れていく気がしました。
もちろん、今でもそういうものを目指して作っている部分もありますが、もっと自然体で自分から生まれてくる物、作るというよりは生み出すような感覚。
全ての経験、全ての想い、そういうものを遺伝子として自然にベアに注ぐように。
世界一はひとつじゃない。
ダメダメ！　という否定から、もっと1体1体を楽しく気持ちをこめて作れるようになっていき、数を作るうちに自然と自分らしさも出るようになったと思います。悩む事も必要、でも楽しく作る事もとても大事。

ベア製作の先生をしている友人が、生徒さんに最初にお願いする事が「テディベアを本気で好きになって下さい」だそうで、ベアを作りたい人がベアが好きなのは当たり前じゃない？　って一瞬思うかもしれないですが、これは本当に本当に大切な事です。

まわりを見ても、テディベアをシンプルに、本気で好きな人はずっとやめないし、作品もちゃんといいものを作れるようになる気がします。

デ　ザ　イ　ン

デザイン画とかはあまり描かないんです。
描く時は本当に、デザインが思い浮かばない時。
そういう時は、ただ意味もなくラクガキしていることがあります。

なんとなく頭に降りてきたイメージを作り始めて、
だけど途中で方向転換してしまう事も多々あります。

言ってしまえば、私のベア作りが〝ラクガキのようなもの〟なのかもしれません。
堅苦しいところはほとんどないです。

たまに迷路に入っちゃった時や、のってない時は、何日も同じ子をこねくり回して
いる事もあるのですが、そういう時より、さーっと短時間で仕上がる子のほうが自分
らしく感じます。
時間をかけた子は、それはそれでかけた時間の重みもありますし、なにか思慮深い
魅力もあって嫌いではないのですが。

より自分らしいのは、ぱっと思い浮かんでぱっと仕上がった子です。

インスピレーション

そんなに大したものではありませんが……インスピレーションは、どこからともなく
やってきます。
絵画を見た時だったり、映画を観た時だったり、アンティークだったり。
素敵な色合いを感じた時に、ふっとイメージが降りてきたりします。

でも結局、自分が持っている色っていうのはなかなか変えられないんですけどね。

影響は、やはり大きいのはイギリスでしょうか？
音楽、映画や文化も。

小学生の時にテレビで見た『小さな恋のメロディ』というイギリス映画が当時衝撃的で、
制服や、赤いバスや、学校の様子、墓地、遊園地、なにもかもに憧れを抱きました。

そのすぐあとに、パンクロックだったり、ファッションだったり、テディベアだったりと、
ことごとく憧れるものがイギリスからやってきました。
そうなるともう行くしかないじゃないですか？
お金をためて1年半ほど留学したのです。

その時、作家さんのベアの存在を知り、
帰国後制作を始めて26年となっております。
あっという間です……。

好 き な 作 家

好きな作家は、トーベ・ヤンソン、ターシャ・テューダー、ディック・ブルーナ、サン・テグジュペリ。

トーベ・ヤンソンは、ムーミンももちろん大好きなんですが、大人向けに書いた小説も大好きです。
登場人物は、どんなに癖があってもどこか絶対に憎めないんですよね。
誰もが癖を持っていて、だけどそれらは全部うまく共存している。
そういう思想の作家さんはたくさんいますが、トーベ・ヤンソンの描写はベタベタしていなくて、ハードボイルドで絶妙！ 大好き！

ターシャ・テューダーの生活にはとても憧れます。
なんでも自分で作っちゃうのはすごいし、作るもの全部が本格的です。 なんと家まで！
ターシャが作った羊のぬいぐるみを銀座の展覧会で見たことがありますが、膝がガクガクするくらい魅力的でした。ぬいぐるみを専門にしているのに全然かなわないのが、ちょっと、いやかなり悔しかったです。
その子は、ターシャの絵本から駆け出してきたようでした。

ディック・ブルーナは、実は絵本はそんなに読んだことはないし、グッズをコレクションしているわけでもないのですが、すごいなぁと思うのは、ブレることのないシンプルな線。あれだけわかりやすく、だけどかわいい、だけどポップアートにも見える。
シンプル、かわいい、幼稚ではない。
この3つを揃えるのは、かなり難しい事だと思うのです。

サン・テグジュペリの『星の王子さま』も私のバイブルでした。私の持っている本は中学生の時にお小遣いで買ったものです。当時は反抗期まっただなかで、働き盛りの大人が嫌いな扱いにくい少女でしたが、この本に出てくる数々の言葉に救われていたと思います。
今思えば星の王子さまの言葉に真剣に深くうなずく少女なんて、ただただかわいいだけな気がしますが。

世の中の大人たちは、今も昔もちょっと忙しすぎるようですね。
ゆるくて味のある絵も素敵。登場キャラクターの中ではきつねが好きです。

あと他にもたくさんたくさん、シュールな世界観も好き。

ヤン・シュヴァンクマイエルだとか。
ちょっとへんてこりんな不思議な世界観を自分の作品
にも匂わせているつもりですが、気がつかれたでしょ
うか？
あまり変な部分が出てはいけないので、この話題は、
この辺で終わりにします。

『星の王子さま』2016
osami bearとのコラボレーション展
で制作したお人形

テ ディ ベ ア に 似 合 う 服

作り始めた頃はヌードベアにこだわって作っていました。ダンダンダン！と『くまのプーさん』でクリストファー・ロビンが階段で引きずっている、あのベアが憧れでした。

布好きで、ベアのお洋服をたくさん紹介している本でこんな事を言うのもおかしいのですが、一番テディベアらしいのはやっぱりヌードかなぁ？ ヌードでかわいかったら服なんかいらないんじゃない？ と思います。ベアに使っているモヘアのファーはとても美しいものですし、隠してしまうのはもったいない気もします。あくまで自分のベアに対してですけど。ベア＋服が一体で素晴らしい作品になっている作家さんもたくさんいます。

でも、お洋服を着せると色遊びができて楽しいのです。

個展などでまとめて発表して販売するようになると、1体1体のできの良さにこだわるのはもちろんなのですが、全体の華やかさや楽しさにも注視するようになり、そういう時、差し色にリボン、スカーフと始まり、それがエスカレートして、ドレスなども着せるようになったのかもしれません。お客様のリクエストに応えるというのもあります。

でも、もうひとつ付け加えて言うと、遊んだっていいじゃない！ です。
そういえば、最初にドレスベアを作った時のコンセプトが〝男の子なのにお姉ちゃんのワンピース着せられちゃった〟でした。
そういうのだっていいんです。

基本的に私の子は素朴な服しか似合わないんですよね。服は服でも下着系とかが実は好きです。シュミーズ、キャミソール、パンツ、靴下……。
私も文化服装学院を出ているので、やれるところも見せたいのですけど（笑）、どうも凝りすぎると、借りてきた衣装みたいになってしまうんです。
これは本当に作り始めた頃からかもしれません。

私のベアを買った人が自分で服を作ったり、もしくは私の服を脱がせちゃってもいいと思っています。
いろんなことに対応できる懐の深いベアを作りたいなぁと思っています。
こうして原稿を書くことになり、自分の初心などを鮮明に思い出します。

「kūmā」2020
dotted swissという薄い生地で作ったセットアップです。胸周りにもう1本コードを入れると、
広がりすぎを抑えるのと同時にギャザーがきれいに出てオシャレ度がアップします。

左「おめかしなduck」2019／右「おめかしなblack bear」2019
ダックのベストはフェルトの切りっぱなしなので、とても簡単。ベアのドレスはアンティーク
ペチコートのリメイクです。

「black rabbit」2019
antique linenで作ったジャケットです。生地やボタンを合わせる時は本当にワクワクしますね。

築50年以上の古い家の2階に、夫と猫1匹と一緒に
住んでいます。
実際は写真よりもっと狭いワークスペースで、まめに
片付けるのが苦手な私は、作業している最中は、この
部屋がてんやわんやな感じになってしまいます。
テディベア作家って、その響きからして夢のあるかわ
いい感じなので、おしゃれな空間でホッコリと作って
いてほしいと望まれているかもしれませんが……。
テレビはほとんど見ないので、作業中は音楽を聴いて
ることが多いです。

名前はひょんな事からヒッピーココと名乗って35年
以上たちますが、性格がパンクなので、怒りの後ろに
ある優しさ、絶望の先にある希望、みたいな事が表現
されている音楽が好きです。

そんな音楽を聴きながら生まれてくる私の子たちは、
次に皆さんにどんな事を与えてあげられるんだろう？
やっぱり優しさや希望だったりに繋がってくれるとうれ
しいな、と思います。

ボタンの箱、ここにざくっと小さめのボタンが入っています。年代や色はバラバラです。

まめなタイプじゃないので、小さな箱なんかがたくさんあるとすぐに散らかしてしまうんです。工場で使われる工具入れは、巨大なお裁縫箱という感じで使用しています。名札があるおかげで、グッズごとに嫌でも仕分けができ、重宝しています。

機能性ではモダンな家には全くかないませんが、自分たちでコツコツ手を入れてきたので、それなりに思い入れはあります。

型紙はいらなくなった紙だとかにちゃちゃっと書いて使い捨てる事がほとんどです。

テ デ ィ ベ ア が 生 ま れ る 場 所

antique bear
&
animal collection

集めよう！ 集めてます！ というような強い意思で頑張って集めた事はないので、
私のところにやってきた子たちは、全体的になんともゆるっとしています。

グッドバリューの子はあっという間に売り場からいなくなってしまいますが、
ゆっくりご縁を待つ、深追いはしないと決めています。
なのでオークションで競って買ったりもしません。

でも諦めないでいつもキョロキョロしていると、おやおや？　こんな所にこんなに
素敵な子が？？？　私を待っててくれたかな？　というような、
奇跡的な出会いっていうものはあるものです。

うちの子たちはみんなそんな感じの
ほっこりした出会いからやってきた子たちです。

かなり古いものです。ぬいぐるみではなく、型に
布が張られています。口輪をつけられていて、ハー
ドなイメージですよね？　子供たちに大人気だっ
たサーカスベアでしょうか？

● 年代不明│出身地不明│maker:不明

bear

イギリスのルイスという街のアンティークモールで買った初のアンティークベアです。夫の両親がとても交通の不便な小さな村に住んでいたのですが、その家に帰るルイスからのバスが夕方6時頃には終わってしまうのです。バスの時間ギリギリになってこのベアを見つけてしまった私は、どうしても諦められなくて、お迎えを決めたのですが、最終バスは逃してしまいました。一緒にいた夫はかなりプンプン怒っていましたが、私には夫の怒りよりもこの子に出会えた喜びのほうが大きくて、ずっとニコニコしていました。あの有名な赤い電話ボックスから（携帯電話のない時代です）電話をかけて義父に車で迎えに来てもらいました。

● 1950s前後 ｜ 出身地：England ｜ maker：Chad Valley

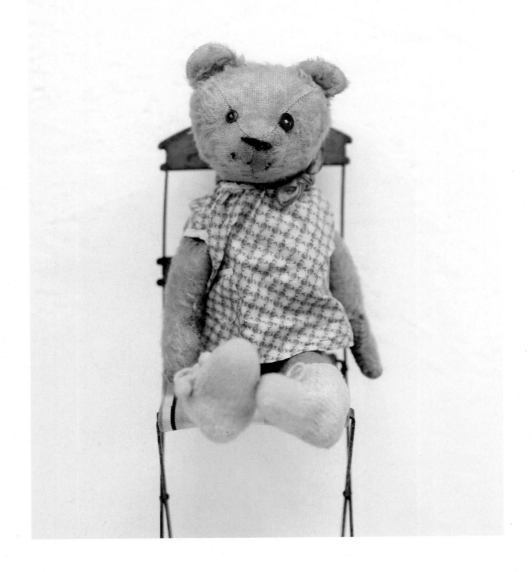

お迎えした時は片目がなかったのですが、きっちり揃えたグラスアイ
をつけるより、ボタンが合う気がして、この目をつけました。かなりお
気に入りの子です。パッドも何度もお直しされ、口も擦り切れてい
ます。まさに愛されすぎたベアちゃんなのです。

● 1930s｜出身地不明｜maker：不明

ポリエステルわたのなかった時代なので、パンヤ(コットンわた)と木毛が入っています。この子は特に絶妙な詰め具合いというか、へたり具合で、抱くと腕の中でくったりと寄り添ってくれます。私のところのアンティークは、全体的にクールで無機質になりかけの子が多いようですが、この子は、現代も現役で生きている感じのする子です。

● 1930s｜出身地：England｜maker：Merrythought

別々にお迎えしましたが、パターンの作りや素材が同じ感じなので、たぶん兄弟です。スティックベア※の典型的なシェイプをしています。戦争などによる物資不足により手足が細くなったという説もあります。生地自体も粗悪な為、毛がすっかりなくなっている子が多いのも特徴です。シュタイフなどのメーカーではここまで剝げている子は滅多に見かけません。初期の頃のどっしりとした豊かなベアとはかけ離れて、情けなさ満載なのですが、どうしてだか？何かがだいぶ足りない子にひかれてしまいます。

● 1920-30s｜出身地：U.S.A.｜maker：不明

※スティックベア　第一次世界大戦後にアメリカで大量生産されたもの。一般に粗悪品といわれる。

セットでやってきた小さな兄弟。左の子は両目ともオリジナルだと思いますが、右の子は両目ともついていなくて、我が家で新しい目を与えたつもりでしたが、糸でとめていなかったのでまたまた片目が行方不明です。でも、なんだか似合っているから、このまま。
● おそらく1900年代半ば｜出身地：たぶんU.S.A.｜maker：不明

パリの蚤の市で一目惚れだった子。とても知性的なので女史と呼んでいます。アウトフィット（服）も買った時のままです。フェミニンで媚びない、まさにパリジェンヌのようなテディベアなのです。

● 1910s前後 ｜ 出身地：France ｜ maker：不明

ほとんどミイラといっても過言ではないかもしれません。直そうにも土台の布がもう朽ちてしまっていて、針と糸で直すのは危険そうです。触ると粉になって天に舞ってしまいそうなのですが、それでもこのつぶらな瞳は前向きそうでたまらなくかわいいです。

● 1920s前後 ｜ 出身地：不明 ｜ maker：不明

この子も典型的なスティックベアのたたずまいで
す。目玉は前のオーナーさんによってつけ替えら
れています。お洋服は私があとで着せ、レッドク
ロスのバッヂもつけたので、ナースさんと呼んで
います。スティックタイプのベアは甘すぎず、素朴
なところが好きです。お値段も手頃ですしね。

● 1930s前後 ｜ 出身地：U.S.A. ｜ maker：不明

この子も大部分の毛がなくなっています。若かっ
た頃はもう少しふくよかなホッペタをしていたで
しょうね。お鼻はどなたかがリペアしたようです。
お上手！

● 1940s前後 ｜ 出身地：不明 ｜ maker：不明

テディベアというよりは、まさに、くまちゃん。な
日本の子。昭和生まれの人なら、懐かしさを感じ
るのではないでしょうか？　大きなお耳がミッ
キーマウスみたいですね。

● 1950s前後 ｜ 出身地：Japan ｜ maker：不明

ギリギリで目玉がガラスの時代の子です。たいていラバーを使って
いる子はプラスチックの目玉が多いようですが。コミカルながらも気
品があるのは、ガラス目玉のせいかもしれません。1950'sくらいから、
子供の安全を考えガラスの目玉はプラスチックに変えられましたが、
やはりガラスの目玉の透明感にはかないません。私が小学1年生くら
いの時、友達がガラスの目玉の古いお猿さんを持っていて、その目の
輝き、その目からくるお猿さんの表情の豊かさにとても驚き、感動
した記憶があります。自分が持っていたプラスチックの目玉の子と
は全然違ったからです。

● 1950s │ 出身地:U.S.A. │ maker:不明

イギリスBBCの子供番組で大人気になったスーティー。
マジシャンだったハリー・コルベットさんが、息子さんの
愛用していたパペットでショーをしたところ大人気と
なったようです。煙突掃除で耳が黒くなったので「sooty
（すすけた）」と名づけられました。イギリス人でこの子を
知らない人はいないのでは？　というくらいのセレブです。
絵本やさまざまなグッズも存在します。

● 1950s │出身地：England │maker：Chad valley

泣き虫ちゃんはずっと泣いています。この泣きっ面が、
子どもたちの母性をくすぐっていたのでしょうね。守る
べきものがいると、人はちょっと頑張ってしまうのです。

● 年代不明 │出身地：U.S.A. │maker：Knicker bocker

この頃になると目玉もプラスチックです。イギリスではテディベア
のお顔がだんだん丸くなり、初期のクールなテディベアから比べる
と、子どものキャラクター色が強まってきます。おままごとセット
なども、大人が使うものをそのまま小さくした物だった時代が終わ
り、より子どもが親しみを覚える、ポップなものになっていきました。
流れ作業で安く作れるという利便性もあったのでしょう。今古い玩
具を見ると、本当に手のかかった素晴らしい物が多く、その時代に
戻って、買い占めたいなぁと思ってしまいます。とはいえ、時代、
時代でそれぞれに素敵なチャームポイントがありますよね。アン
ティーク探しは、いろんな時代、いろんな国に飛んでいけるようで、
楽しいです。

● 1960s前後 ｜ 出身地：England ｜ maker：Pedigree

Cat

ハロウィーンキャットとも呼ばれています。黒猫がフーッとなったポーズ。猫が好きすぎるからなのか、逆に滅多に猫グッズには触手が伸びないのですが、この子は大好き。

● 1940s前後 ｜ 出身地：Germany ｜ maker：Steiff

Dog

ガラスの目玉がいつもウルウル。この子の眼光はすごいんです。ある朝、誰かに見られている気がしてドキッとしたら、この子でした。見る角度によって泣いていたり、笑っていたりします。

● 1930s前後 ｜ 出身地：たぶんEngland ｜ maker：不明

Rushton

'60年代頃になると、化繊のぬいぐるみが増えてきます。ジョイントもなく、安価に大量生産されていたと思われます。子どもの安全のためガラスの目玉なども使われなくなりましたが、化学物質が使われているので、本当の意味での安全につながったのかどうかは、疑問点も残りますね。facedタイプは顔の部分は塩化ビニールで作られていて、コミカルで楽しい雰囲気です。

● 1960s前後 ｜ 出身地：U.S.A. ｜ maker：Rushton

Duck

珍しく、タグつきです。そういうのにはこだわった事がないのですが、タグも込みでかわいいなぁ、と思えた子でした。飛びたくてたまらないようですね。でもこの子はアヒルかな？

● 1950s前後 | 出身地：England | maker：Chiltern

Blue bird

小さな青い鳥。原型がたぶんもうないんです。以前アンティークショップでバーゲンセールをしていて、友達が先に購入したのですが、どーしてもどーしても欲しくて、頼み込んで譲ってもらいました。ほんとうにありがとうございました。

● 年代不明 | 出身地：Germany | maker：Schuco

Fish

シュタイフ社は、ベア以外のアニマルの種類も豊富で、どれも本当によくできています。特にアニメのキャラクターでもないのに、お魚をぬいぐるみにしちゃうところもすごいです。これをおねだりした子は、きっと個性的な子だった事でしょうね。

● 1960s前後 | 出身地：Germany | maker：Steiff

Penguin

ファーの素材は、ナイロンでしょうか？　詰め物は木毛なのでけっこう古い子です。我が家に来た時はクチバシがモゲていたので私が想像でお直ししました。おちゃめだけどとても大人っぽくてカッコいい子です。

● おそらく1950s以前 | 出身地：不明 | maker：不明

そういえば、以前SNSで自分のパンダコレクションを披露して、
どの子が好きかアンケートしたのですが、作家さん、ベアに携わっていない方にかかわらず、
みなさん見事にバラバラでした。好みというのは本当に色々ですね。
人の好みに寄り添うというのは、難儀なことです。
自分の好きに、まっすぐに！　それでいい。

Panda
Panda
Panda

左　一体型のパンダです。化繊ですが、ちゃんとしたメーカーは化繊でも良いものを使っている事が多く経年劣化しても安定感があります。

● 1960s前後 │ 出身地：England │ maker：たぶんChiltern

中　ニッカーボッカーズがかわいい一体型のパンダです。目は金属にプリントしてあって、マニュファクチャーならではのカッコよさがあります。こういう目玉は個人ではなかなか手に入らないし作れないです。ベルベットの感じも大好きです。

● おそらく1940-50s │ 出身地：U.S.A. │ maker：不明

右　典型的な昭和の日本製ぬいぐるみです。もう壊れていますが、胸にスクイーズが入っていて昔はチーチー鳴いていたのでしょう。化繊の細かいファーですが、この手のファーはどんどん剥がれ落ちてくるようになります。動かすとファーが抜けて大変な事になっていますが……。はかなさもかわいさのひとつなのかもしれません。

● 1950s前後 │ 出身地：Japan │ maker：不明

antique
doll
clothes

アンティークドールの服

カットワークレースのワンピース、ブリュのお人形のソックスや、
かぎ針編みのボンネット、小さな蓋つきバスケット……。
どれも人間用にそのまま転用できるくらい、丁寧な作りでウットリしてしまいます。
レース、生地、いやいや糸を紡ぐところから、すべてに贅沢に時間がかけられています。
一気に機械で量産できるものとは明らかに違っていて、
人の手が生み出すものの尊さを再認識させてくれます。
作ってくれた人に、捨てないで残しておいてくれた人に、「ありがとう」。

アンティークの服たち。年代や国は不明。
オーバーオールはアメリカの『Buddy Lee』と
いうお人形の服です。それ以外はホームメ
イドを感じさせる直線のシンプルなもので
すが、味わい深いです。

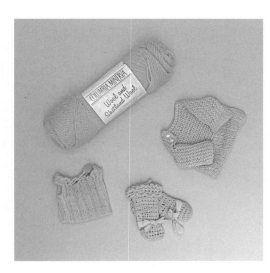

サイズいろいろ。
かなり大型のものから
ミニチュアサイズまであります。

Peg doll

ペ　グ　ド　ー　ル

木の洗濯ばさみを使って作ったといわれるペグドールは、1800年代からあった
ようです。
ビスク（陶器）の高級なお人形が手に入らなかった庶民は、この人形で着せかえ
ごっこしていたのかもしれません。いろんな国で作られていたそうで、今でも
結構たくさん残っています。
フローレンス・ケイト・アプトンの絵本、『The Adventures of Two Dutch
Dolls and a Golliwogg』にも登場しており、子どもたちにも人気があったそう。
世界中にコレクターがいて、私も夢中になって集めていた時代がありましたが、
今はちょっと休憩中。
最初の頃はサイズにこだわってたくさんのサイズを集めていましたが、本当に
表情が色々あるので、今は好きなお顔重視です。

夫の両親からクリスマスプレゼントに貰った
ペグドール。宝物です。お顔はおじさん顔な
のですが、このドレスがとても素敵なんです。
本当にどれだけ愛されてたのだろう？　と思い
ます。
ストッキングも手縫いなんですよ！　暖かそ
うなネルのペチコートの下に膝丈ブルマーを
はき、ストッキングに編み上げブーツ！
なんというオシャレさん。

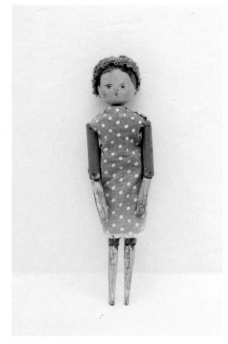

antique
fabric collection

ベア同様に、布も私はコレクターではなく、集めよう！という感覚で買った事は
ないのですが、ベア作りで必ず使うので、これはいつか使えそう！ と感じると
ついつい買ってしまいます。

いざ！ という時に、そこからお店や骨董市を回って探すのではとても間に合
わないので、私の布やボタンのストックは、絵描きさんの絵の具のような存在
といったところでしょうか？

最近は経験から、必ず使える子だけを選りすぐる、という術に長けてきました
が、こうして振り返ると、見ているだけでも幸せになれる布という存在もあって、
布はいかようにも活かしやすい！ と思えます。
私は間違いなく布LOVE人です。

フランスの子供服。
爽やかなブルーのシャンブレー。このボタン
のところを使って、スモックが作れそう。

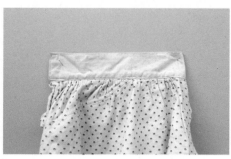

こういう部分がたまらなく好き。
個人的にはシミがあっても全然平気なのです
が、お客さんに販売するにあたり、きれいな
ところから使っていくので、最後はしみしみ
なところだけが残っていくんです。

1950年代頃のアメリカの女の子のワンピース。
透け感のあるお洋服は、昔は本当に流行って
いたようですね。ザブザブ洗えないだろうし
贅沢ですが、とても上品でかわいいですよね。
この襟元で何を作ろうか考えて、ワクワクし
ます。

確かスカートだったと思うのですが、この布
はペア友達からのおすそ分けです。もうこれ
しか残っていないですが、あとエプロン1枚
作れます！ こういう高密度のクオリティの高
い布で、細かい柄というのがなかなかなくて
希少なんです。彼女とはアンティーク大好き
友達でもあるので、たまに布の交換をしたり
しています。

フランスのモノグラム刺繍がついたナイティ。
同じようなデザインのものはたくさんあるの
ですが、生地感は千差万別です。
手紡ぎで布が織られていた時代なので、リネン
のクオリティ、糸の太さ、ネップの感じ、そ
してくぐり抜けてきた環境などなど、ぱっと
見同じようなものでも、その個体ならではの
個性があるので、これだー！ と思う子探しに
いつも必死です。
これでうさぎを作ったりもします。

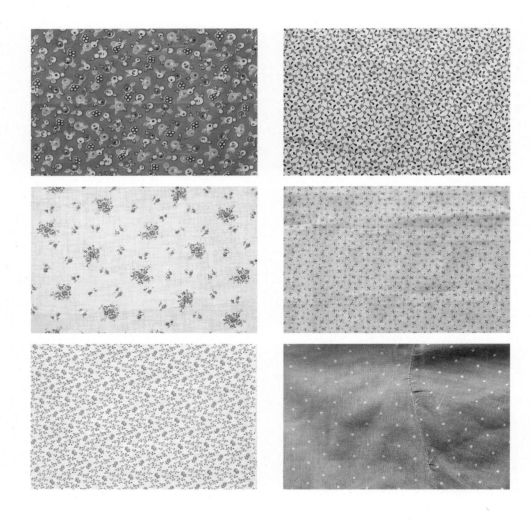

COTTON

1920年くらいから1940年くらいのコットンファブリックです。
1900年代に入るとプリントの技術がどんどん発展していき、色鮮やかな模様がたくさん出てきますが、1940年を過ぎると生地自体のクオリティはだいぶ寂しくなってくるように思います。
やっぱり古いものがいいように感じます。
ウールにしても何にしても、生産量が少ない分、贅沢に丁寧に作られた時代だったんだな、と思います。
私は、デッドストックで出た布よりも、洗い込まれてくったりした布のほうが好きです。
色なんかも褪せてしまったほうがより好みです。
なぜかしっくりくるんですよね。くすんだ感じに。
だからこんな私の持っている布を紹介して、いいのかな？ っていう気持ちもあります。
コレクターとして、しっかりコレクションしてきた訳ではないですし、どれも使いかけで汚いし。
気に入っているものからドンドン使っていくので、好きな布ほど端切れしか残っていないんですよね。

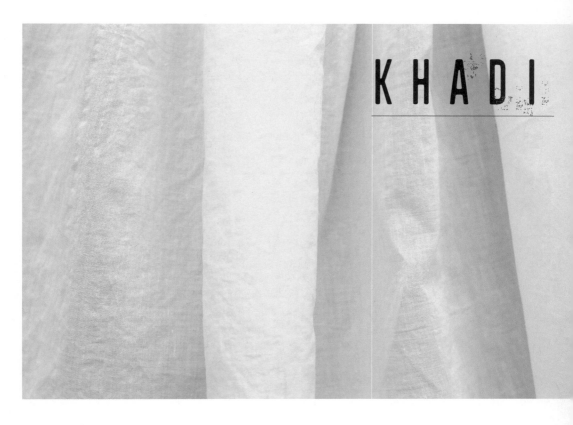

KHADI

カディとは手紡ぎ手織りの布の事で、インド独立の父、マハトマ・ガンディーが、インド独立の為に普及させました。ガンディー本人も自ら紡いで織った布をまとっていたそうです。

Khadi is not just a cloth. It is thought.
カディはただの布ではない。思想である。

別名は、「fabric of freedom（自由の布）」とも呼ばれるようです。
思想的な事はさておき、布というのは、どれもただものではないと私は感じています。
私たち人間が「おぎゃぁ──」と産声を上げて生まれて、一番最初に包まれるのも布です。
そんな大切な布だからこそ、ガンディーは特にこだ

わりを見せたのかもしれません。
インドでも機械化が進み、今は手織りをしている村も激減しているそうですが、まだ昔ながらの製法で織っている所も残っています。通気性や手触り、洗うほどに吸湿性や肌なじみも高まり、気持ちのよい安心感が得られる布です。
過酷な暑さのインドで生まれただけのことがあります。

その実用性の高さから、ベア用に買っても自分で使ってしまう事のほうが多くなりますが、とても繊細な薄手なものが多いので、小さなベア用にも使えますし、見つけたらついつい買ってしまいます。
できればいつかインドに行って、手織りしている所をじかに見てみたいです。

重なった様子が美しく、ギャザーのデザインがとても映えます。
そのまま切りっぱなしで夏のストールにもピッタリ。

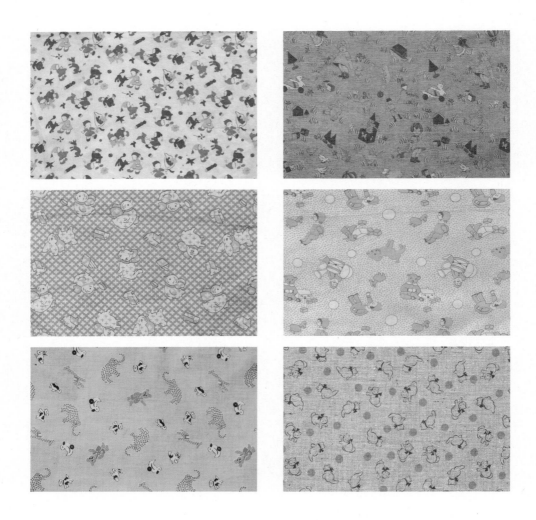

KODOMO

動物や玩具柄など、子供向けのファブリックイラストの一つ一つに魅せられます。
こんなにもかわいい絵柄なのに、服地としてちゃんと成立しているのがすごいです。

この布の形態から、きっと昔はカーテンだったと思います。
こんな繊細な布を窓にかけるなんて、なんという贅沢！
フリルが縫われていなくて、切りっぱなしなのですが、そ
れがかえってこの布の繊細さを引き立てていて、ちょっと
紙っぽくさえあり、良い感じです。

パリの有名蚤の市の、本会場ではない泥棒市のような会場
で格安で買いました。

そういう期待していない場所で思いがけず
宝物に出会えると、一日いい気分ですよね。

布のチャームポイントを活かして
ドレスを作る作業はとても楽しいです。

切ってしまう事への罪悪感も少しあります
が、眠っていた布に、もう一度布としての
本来の使命を与えてあげる、というのも、
なかなか良いことなのじゃないかな？ と考
える事にしています。

なるべく無駄なく、
最後まで使い尽くしたいですね。

素材を活かす

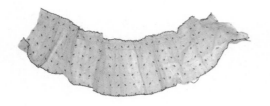

これは昔に東京・西荻窪のピンドットで買ったもの。
初代オーナー茅木真知子さんには、本当にたくさんの事を
教えていただきました。
そのままベアのエプロンにするだけで、とてもかわいいの
で重宝しましたが、残念ながらこういう素材は探してもなか
なか見つからなくなりました。

イタリアで買ったトリム。どこ製なのかはわかりませんが、
イタリア北部では、普通にストリートで、ヴィンテージのお
裁縫関係のものが現行品と一緒に売られていたりしました。
ちょっとテキヤさん風なおじさんが、こんな素敵なものを
惜しげもなく売っていたりして、あまりにお買い得なので、
たくさん買い、ずいぶんと重宝しました。20年も前の話な
ので、この話自体がヴィンテージですね。

TRIM

リックラックトリム（左）は'50年代の子供服やエプロンなど
によく使われています。全体を入れると、少しポップな印
象になりますが、波の山だけをちょっと見せる使い方をす
ると、レースっぽくなり、小さなベアの服によく似合うと思
います。
リックラック以外には、かぎ針編みがついていたり、刺繍が
ほどこされていたり、色んなトリムがあります。おうちで
手作りが盛んだった時代は、手芸材料が驚くほど豊富です。

日本のアンティークにも、テディベアに似合う質感や色の
良いものがあります。
日曜日の朝は骨董市に行くのが楽しみです。
うんと古いものは、国籍問わず、ちょっと似ているなぁと
思います。
麻やコットン、天然の染料で作られる布は、どの国でも、
人の原始的な部分が出ているのかもしれません。

JAPANESE
OLD
FABRIC

この子のパンツは、ひも通しになって
いる部分をそのまま活かし、斜めがけ
吊りズボンにしました。

SHEER

繊細でフェミニンな透け感のある生地。
ギャザーをたくさん寄せて使うのがおすすめ。

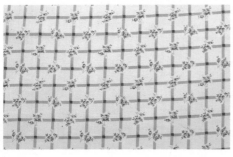

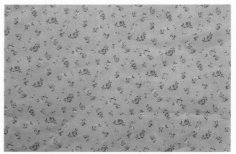

FLANNEL

冬の下着や、パジャマなどに使われる事が多い、
片面ネルの布。
お洗濯を繰り返したもののクッタリ感がとてもかわいくて、
私のベアの小物によく使っています。
柄も気取りすぎず、少しチープというか素朴というか、
健気なかわいさがツボです。

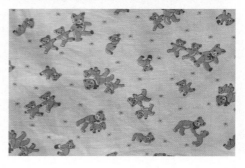

BUTTON

ボタンは眺めているだけで楽しいですよね。
布のように傷まないので残っている確率も高いです
し、場所もとらないので、コレクションしている方も
多いのではないでしょうか？

私も以前は色鮮やかなボタンを買っていましたが、
歳のせいでしょうか？ 最近は落ち着いたシンプルな
貝ボタンが一番好きです。
ファブリックやボタンはたくさん所有していますが、
コレクションという感覚で買った事はなく、素材を買
うのは、常に仕事目線での仕入れのような感じです。

いつも考えるのは、ボタンそのものの美しさより、自
分のペアに合うかな？ が基本です。
ちょっとつまらない感じに思われたかもしれません
が、そんな事はなく、いかに自分のペアをかわいく
できるか？ を考えるとワクワクします。

一瞬でも自分の手に入って愛でられるので、それで
良しなのです。
お仕事と趣味の両立とも言えますしね。
普通の人が見たら、「？？？」となるような、じみい
なボタンの山だとしても、それが全部ペアの服作り
に使えるものだとしたら、私にとってはどんなに華
やかで珍しいコレクションよりも価値のあるものな
のです。

貝ボタンは染料でうっすらとですが染めることもで
きるので、猫などの目玉には染めて使ったりします。

アンティークは高いと思われるかもしれませんが、
最近は一般的に買えるボタンの種類がすっかり減って
しまい、価格も高騰しているので、アンティークの
ほうが安いと思います。

ANTIQUE LACE

アンティークレースも私は天然素材の素朴な感じのものが好きです。
買うのはいつもコットンでできたものが多く、特にカットワーク刺繍のレースが大好きです。
赤ちゃんのドレスやボンネットはサイズも小さく、テディベアに転用しやすいものが多いです。

少しくらい破れていたって、気にしません。
あまり完璧だとかえって切ってしまうのが惜しくなるので、
難ありくらいのもの物を安く買うのがおすすめです。

REMAKE

色々とやっていくうちに、マテリアルに出会った時、
「ここよここ、ここでこういうのを作ってね」と
訴えかけてきてくれるようになりますよ。
その感覚を鍛えると買い物にも失敗しにくくなります。

素材を活かす、簡単ボンネットの作り方

簡単に作れるボンネットの作り方を
ご紹介しましょう。
頭のカーブを描くようにカットした
ら、縫います。裾を三つ折りにして
縫って、ひもを通して、出来上がり。
10分もかかりません。

サイズ感が心配な場合は、汚れてい
る部分やシーチングで仮縫いしてみ
るといいと思います。

古着のリメイクは自由にやってみてください。
ベアは自分で動き回りませんし、お洋服は洗濯をくり
返す必要もないので、難しく考える必要はありません。
確かな技術で作られるものが素晴らしいのは言うまで
もありませんが、億劫がって何もしないよりは、気楽
に楽しんでみてもいいと私は思うのです。
アンティークでも子供が作ったような、自由にざっく
りと作られた感じのものもとても味わいがあって、
テディベアにはかえって似合うような気がするのです。

使いかけのボタン、

何かのきれっぱし

小さなカケラのような

モノにときめいてしまいます。

カ　　　　ケ　　　　ラ

teddy bear Lesson

hippie cocoの スタンダードなテディベア kūmā（クーマー）、
どこにでも連れていける小さなサイズのベア mignonne（ミグノン）、
うさぎの lapin（ラパン）、ジョイントなしの、抱き心地のいい
抱っこクマのdakko（ダッコ）の作り方です。
モヘアを変えたり、目玉を変えたり、少しのアレンジで
驚くほど違うキャラクターになりますので、
好みの子を作ってみてください。

kūmā

● クーマー　作り方▶P.77　型紙▶P.98

この子は私のベアの中での大定番。
hippie cocoのスタンダードなベアです。
この子を基本に腕や足の長さを変えたり、
鼻先の長さを変えるだけでも
かなり表情の違ったベアが作れます。

● お持たせバニー　作り方▶P.95　型紙▶P.112

基本のkūmaです。ゴールドタンという色のモヘアを
使っていますが、私はこの色で一番たくさん作っている
かもしれません。落ち着きがあって、アンティーク加工
も似合うので気に入っています。特にスタンダードベア
には似合う気がします。

● お持たせベア　作り方▶P.94　型紙▶P.112

一番左は型紙を80％に縮小、左から
2番目は90％、右の2体は原寸です。
毛の長さや量によっても大きさが違っ
て見えます。正直言うと、私もその時の
感覚にまかせて作るので、全く同じ表
情の子は二度とできないのです。あま
りかたくなに「見本通りに！」と思わな
いで、お手本ではなく自分の感覚のほ
うに集中してみてください。きっと自分
らしいかわいい子が生まれるはずです。

kūmaから少し型紙をアレンジしたベアです。鼻先やパッド
のサイズを少し変えています。モヘアの色も濃い目にすると
少しワイルドな雰囲気が生まれます。

mignonne

● ミグノン　作り方 ▶ P.88　型紙 ▶ P.102

小ぶりで手足のパッドのないmignonneは、スタンダードなkūmāより
少し楽にできると思います。気取ったところがないベアなので、
たとえちょっぴりゆがんでも、くしゅっとしていても、そこがかわいい！　と
思えるタイプの子です。おおらかな気持ちで作ってください。

lapin

ラパン　作り方▶P.88　型紙▶P.100

今回は立ち耳うさぎの紹介ですが、垂れ耳うさぎにアレンジしてもかわいいと思います。
なぜかうさぎはちょっとすねた表情がしっくりくるように思うのですが、
お好みで表情を変えてみてくださいね。

dakko

● ダッコ　作り方▶P.89　型紙▶P.103

1960年代頃に人気があった、ジョイントなしのツートンカラーの
抱っこぐまからヒントを得て作ってみました。
ソフトスタッフィングで手でも詰められるので、
専用道具がなくても作れます。

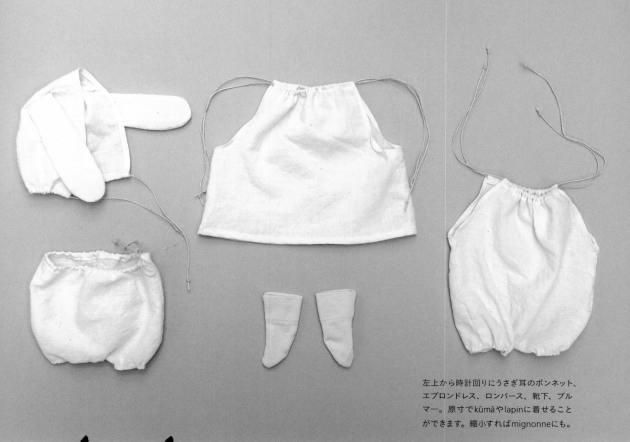

左上から時計回りにうさぎ耳のボンネット、エプロンドレス、ロンパース、靴下、ブルマー。原寸でkūmaやlapinに着せることができます。縮小すればmignonneにも。

clothes

作り方▶P.92～　型紙▶P.109～

私がベア用に作る、定番のお洋服です。
シンプルなデザインなので、
簡単にできてしまいます。

型紙をアレンジしたり、自分で工夫していくつも作ってみましょう。レースやボタンをつけたり、刺繍をしてもかわいいです。

materials

モヘア

テディベアのファーは、とても美しいものです。コットンの織り糸に高級なモヘアが織り込まれています。
土台がしっかりしているので、かたく詰めても伸びにくく、しっかりしたベアを作ることができます。

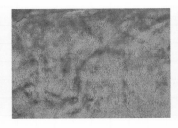

毛の間隔が広いショートモヘア。小さい子に向いていますが、あえて大きい子を作っても素朴で面白いです。

毛の間隔が密なショートモヘア。ムラ染めをしてあり、個性的な子ができます。

ハンドワークアミカの豪華なふわふわ、くりくりモヘア。素晴らしい毛艶です。大きな子に。

私が最もよく使う定番のディストレスモヘア。小さい子から少し大きい子まで大丈夫。kūmā、lapinに使っています（サンタクルーズベアではCタイプ）。水通しするとふっくらします。

こちらもハンドワークアミカのたっぷりした毛量のモヘアです。リッチだけど素朴な感じもあって好みです。

mignonneに使ったファーは、アルパカのショートモヘア。ちょっとカールしたラティニティでもかわいく作れます（サンタクルーズベアではKタイプ）。

モヘアのサイズは、たいていヤード(yd)で表記されています。

1ヤード	90×140cm
1/2ヤード	45×140cm
1/4ヤード	45×70cm
1/8ヤード	45×35cm
1/16ヤード	22×35cm

ショップによってサイズは違うことがあるので、かならず入るか確認をしてから購入してください。

dakkoに使用したアンティークライクウール。モヘアよりごわついた毛布のような質感です（サンタクルーズベアではWタイプ）。

左のアンティークライクウールを染めてみました。毛がからまってフェルト化していますが、それがまたいい感じ。最後に紅茶にくぐらせると自然なアンティーク感のある色になります。

パッドの布

手のひらや足の裏のパッドはリネンやコットン、フェルトなどお好きな布で。
薄い布は裏にフェルトなどをあて、伸びやすい布はシーチングなど伸びにくい布をあてるとよいでしょう。

parts

ジョイント

ジョイントは、ディスク、割りピン、ワッシャーが
セットになって売られています。大きさによって
組み合わせを変えることもあります。

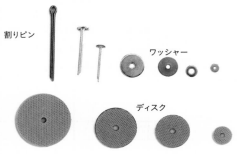

割りピン

ワッシャー

ディスク

目玉

私はアンティークのグラスアイ、ブーツの
留め具だったアンティーク・シューボタン、
それと現代の職人さんが作ったグラスアイ
などを使用しています。

teddy bear making supplies などの言葉
で検索すれば、海外の材料屋さんがたくさ
ん出てきます。アンティークならebayなど
のオークションでも見つかります。

地縫いや返し口をと
じるための穴糸。丈
夫なほうが安心です。

小さいサイズのベアに
は穴糸でなく、アメリカ
の手縫い用多目的糸を
使用しています。

縫い糸、刺繍糸

刺繍糸は、6本どりになっている25番
が最もポピュラーですが、テディベアの
鼻や爪は3番、5番を使うことが多いで
す。これといった決まりはないので、
私はアンティークウールなどもよく使用
します。自分で染めるとアンティーク
感がより出ます。

目玉をつける時に使用する皮革用の
縫い糸。穴糸を何本か重ねても大丈
夫ですが、ある方が便利です。ベアの
大きさによって太さを変えます。

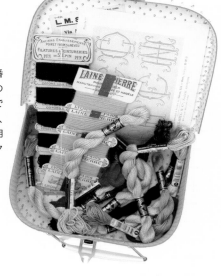

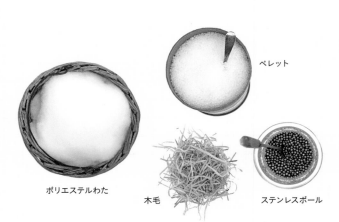

ペレット

ポリエステルわた

木毛

ステンレスボール

詰め物

主に使うのは頭、手足に詰めるポリエステルわた、
ボディに重さを出すためのビーズのようなペレット
です。
ポリエステルわたの代わりに木毛を詰めるとアン
ティークらしい触り心地になります。
ペレットより重さを出したい時はステンレスボール
を使います。

※材料の入手先はP.96にも掲載しています。

tools

a チャコペンなど

左から油性マジック、ボールペン、水で消えるチャコペン。型紙を写して布に描く時は水で消えるチャコペンがいいと思いますが、濃い目の布なら油性ペンやボールペンでも大丈夫。1㎜違っても大きさが変わるので、なるべく細いものを。

b 毛抜き

鼻周りなどのムダ毛を抜く時に使います。

c 毛立てブラシ

毛皮用として売られています。ベアの毛並みを整える時や、縫い目に入った毛をざっくり引き出す時に。箱の中でぺしゃんこになった時もこれでふっくら復活できます。

d 目打ち

目玉やジョイント位置の穴開けや、モヘアの毛を引き出すのに使います。

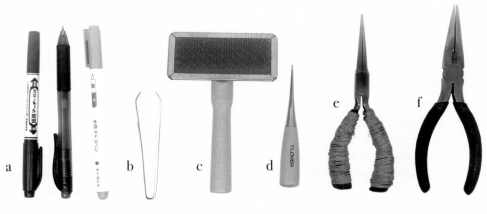

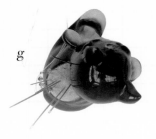

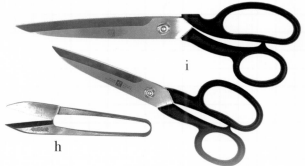

e ラジオペンチ（細）

とっても便利でこれがないと私は途方にくれてしまうと思います。ベアのわたを詰める時、ひっくり返す時に使用します。ハンドルのビニールが破れて、中の鉄があたって痛いので自分でカスタムしました。

f ラジオペンチ（太）

こちらは100均で購入。ジョイントのピンを丸める用です。

g 針

テディベアでよく使うのは、ぬいぐるみ用の長針と、普通地〜厚地用の縫い針です。こちらも少し長めのほうが縫いやすいと思います。私はもめん針の5号くらいを使っています。

h 糸切りばさみ

小回りが利き、先がシャープなのでトリミングの時などにも使用します。

i 裁ちばさみ

小さい方は紙用に、大きい方は布用にしています。ヘンケルはよく切れて軽いので扱いやすいです。

kūmā を 作 り ま し ょ う

基本となるベアの詳しい作り方です。
kūmāをマスターすれば、あとは好みの形や、
違う動物にアレンジすることができます。

材料（身長約27cm・耳含む）
モヘア　1/8ヤード（35×45cm）
パッド用布　適量
グラスアイ　直径8mm前後を1組
ジョイント　（頭直径26mm×1、
腕直径18mm×2、足直径35mm×2
縫い糸、刺繍糸、
ポリエステルわた、ペレット各適量

1 cutting

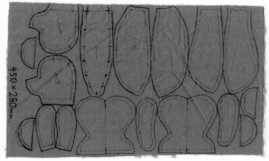

cut

1 布に型紙を写します

P.98〜を参照して型紙を作ります。型紙を布の裏側に置き、
印やできあがりの線もすべて写します。
モヘアは布によって毛の流れがさまざまあり、毛の方向に
よってできあがりの表情も違います。そこをある程度想像
しながらパターンを置くのですが、基本は土台布の縦の布
目に矢印を合わせてください。布は縦と横で伸び率が違う
ので、例えば腕の内側と外側で布目を変えるとねじれたり
します。また、顔の左右は布目を揃えないとゆがみのもと
になります。基本は縦に置き、毛の流れがあるようなら「顔
は毛の流れが前から後ろに向かって流れるように」「ボディ
は上向きに流れるように」というのがコツです。ボディは毛
を下向きに流すと、おパンツとか服がだらしなく脱げてき
ます（それはそれでかわいいですが）。

2 布をカットします

全部写し終えたら、はさみの先を使って、毛を切ってしま
わないように土台布だけをカットします。
パッドの別布も同様にカットします。

3 縫う前の下準備

縫いしろ部分の毛をカットします。カットすることで特に
鼻先などは印を合わせやすくなります。すべての縫いしろ
分の毛をカットする人もいますが、ちょっと面倒なので、
私なりのやり方を説明しますね。ここだけカットしておく
と後がラク、というものです。
●頭左右と頭中央の、鼻の先になる部分
●耳の山
●腕の先
●足のまわり（ここは最後にもう少し広めに毛をトリミングする
ので、縫いしろから少しはみ出すくらいでも大丈夫です）

2 body

布と布を縫い合わせる時の基本の縫い方は半返し縫い。
縫い始めと終わりは玉留めをします。
ミシンの場合、縫い始めと縫い終わりは返し縫いをします。

ココに戻る(半分戻るので半返し縫い)

裏は大げさに描くとこんな感じ。
実際は糸をもっとしっかりと引く。

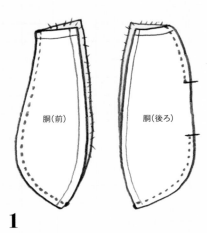

胴(前)　　　　胴(後ろ)

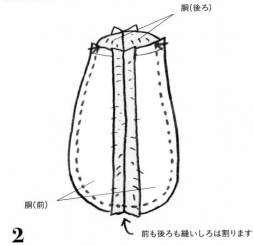

胴(後ろ)

胴(前)

前も後ろも縫いしろは割ります

1

胴(前)の左右を中表に合わせて縫い合わせます。
胴(後ろ)の左右は返し口を残して縫い合わせます。
縫いしろは割ります。

2

胴(前後)を縫い合わせます。縫い終わったらひっくり返す
前に、縫い目にはさまった縫いしろ部分の毛を目打ちで引
き出します。これが表に出ていると縫い目に不自然な毛が
ボサーッと出て汚くなるからです(アンティークはこのボ
サーッがかわいくもあるのですが)。そしてひっくり返して
しまうと、その出してしまっている縫いしろの毛は処理でき
ないので、必ず返す前に縫いしろの毛は縫いしろ側に引き
出しておきます。

3

ひっくり返して、今度は縫い目にはさまったボディ側の毛
を目打ちで引き出します。こうすると、縫いしろの分、表
の分、きっちりと分かれてきれいな縫い目になります。最
後にブラッシングしてもいいです。どの部分を縫う場合も
同様です。

4

首回りをぐし縫いして絞ります。絞った後、念のため2、3
周追加で糸を渡して補強し、玉結びをしたら糸を切って
bodyの完成です。縫いしろは中に入れ込んでも、出したま
までも大丈夫ですが、私は中に入れます。

3 arms

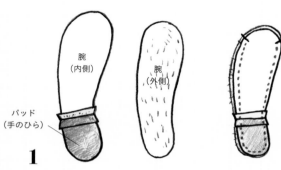

1

腕（内側）とパッド（手のひら）を縫い合わせます。腕（内側）と腕（外側）を中表に合わせて、返し口を残して縫い合わせます。縫い目にはさまった縫いしろの毛は目打ちで出しておきます。

2

表に返してわたを詰めます。手先がちゃんと丸みをおびるようにしっかりと押してかたく詰めてください。この時、ジョイントの部分にはまだわたを詰めないでおきます。

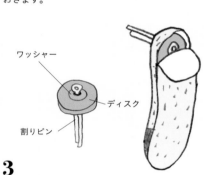

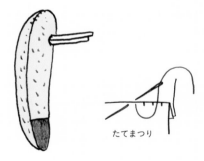

3

ジョイントのディスクにワッシャーをセットして穴に割りピンを通します。腕の内側のつけ位置にセットします。特に穴をあけなくてもピンをぶすっと刺せば通ります。
ちなみにジョイントは腕の場合、仕上がりギリギリの大きさを入れるとラインがキレイです（足はギリギリサイズだとゴツくなります。私だけかも？）。
ジョイントをセットしたら、その上からわたを足します。
常に仕上がりのカタチをイメージすること！
あまりパンパンに詰めるとマッチョになります。

4

返し口をとじます。縫いしろ分をたたみ、腕（外側）の布をしっかり引き上げながら腕（内側）の布にかぶせてとじます。

返し口（わた入れ口）をとじる時はたてまつり。縫いしろ分をたたみ、しっかり引き上げながら内側になる布にかぶせてとじます。ていねいに細かく、しっかり糸を引くことが大事。コの字とじでも巻きかがりでもいいのですが、たてまつりだとしっかり縫えると思います。

5

爪の刺繍をします。刺繍の前に腕の先の毛をカットしておきます。刺繍糸は1本どりで、玉結びは作りません。どこでも好きなところ（少し遠いところ）から針を刺し、糸端をわたの中に隠します。小さくすくって爪の刺繍をします。連続して全部の爪を刺し、少し遠いところに針を出して糸を切り、糸端を中に隠します。

爪はお好みで、どんなカタチでも！
勝手なイメージですが、長いと大人っぽく、小さな爪は幼くなると思います

4 legs

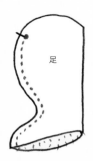

1
中心線で中表に折り、返し口を残して縫います。

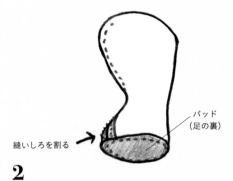

パッド（足の裏）

縫いしろを割る

2
①の縫いしろを割ってパッド（足の裏）をつけます。慣れないうちはしつけをしてから縫うのがおすすめ。バイアス（布目が斜めになっている状態）の部分はどうしても伸びるので、足の裏側をちょっと縮めるイメージで縫いつけてください。

3
ひっくり返してわたを足にしっかり詰めていきます。腕同様、ジョイントをセットし、その部分は詰めないでおきます。

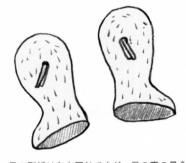

足の型紙は左右同じですが、足の裏の具合を見ながらバランスがよくなるよう左右を決め、ジョイント位置が左右対称になるようにセットしてください。

4
ジョイント位置にわたを入れ、腕同様に返し口をとじます。

腕と同じように、返し口をとじます。最初から細かく縫おうとせず、まずはざっくり、カタチを作るように縫っていき、徐々にステッチ幅を狭くしていくほうがきれいな仕上がりになります。ジョイントディスクサイズを幅に対して小さめにしているので、ディスクにそって縫っていくと、左右に角ができやすいので注意し、ちゃんと丸くなるよう形成しつつ縫います。糸を中で何度か左右に渡してもあげてもいいです。

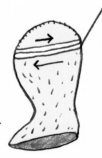

5
お好みで爪のまわりの毛をカットし、腕同様に爪の刺繍をします。

5 head

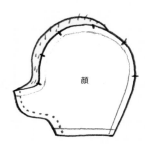

1

頭の左右を中表に合わせ、あごの線を縫い合わせます。
ボディはミシンで縫う人も、顔は手縫いのほうが丸みが
出るのでおすすめです。できるだけ細かい半返し縫いで。

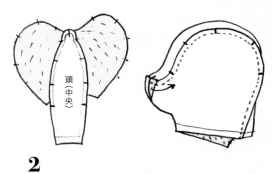

頭（中央）

2

①の縫いしろを割って左右に開き、頭（中央）を鼻先で合わ
せ、合印に合わせて鼻先から縫います。カーブでずれやす
いので慣れないうちはしつけ縫いをします。カーブ部分は
バイアスになるため多少伸びます。左右の頭をちょっと縮
めるイメージで縫いつけてください。

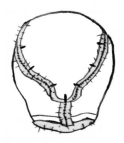

3

片方を縫ったらもう片方も鼻先から縫います。

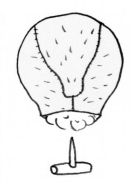

4

表に返して縫いしろにはさまった毛を
引き出したらわたを詰めていきます。
これはとても重要な作業になります。
最初は手でザクザクと。ある程度詰
まったら鼻先をかたく詰めていきます。
それから両ほっぺ、できあがりを想像
しながらしっかりと詰めます。
もし、ゆがんだり、わたがダマになっ
たら無理に修正しようとせずにやり直
してください。2度目のほうがラクに
できますから心配しないで。

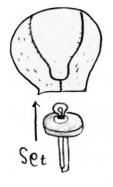

Set

5

きれいなカタチができましたか？　それではジョイントをセットしま
す。返し口の周囲をぐし縫いします。糸はできるだけ丈夫なものを2
本どりで。力を一度にかけると糸が切れやすいので、ゆっくり引いて
絞ります。もし一度で絞りきれない場合は無理をせず一度糸を玉留め
してからもう一度縫って絞ります。

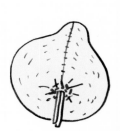

6

割りピンにしっかり布が集まったら、さらに丈夫に
するために糸を何度か渡しておきます。ボディを
つけると隠れてしまうので、きれいにしなくても大
丈夫です。丈夫にしておいてください。

6 face

ピンの先にサイズ違いの目玉がついた「仮目セット」。布を傷めず、いろいろな大きさを試せるので便利です。

1

鼻の刺繍をする前に、鼻のまわりの毛を少しカットしておきます。はさみを毛の流れの方向に入れ、毛をすく感じで少しずつ切ると失敗しにくいです。あとでまたトリミングするのでここでは完璧に整える必要はありません。

2

目の位置を仮決めします。つけたい位置に目打ちで穴を開け、糸なしで目玉を入れておきます。私のこだわりなのですが、目玉は一番最後につけます。数か月仮のままで様子を見ていることもあります。

3

鼻と口の刺繍をします。この子の刺繍はランダムに自由に塗りつぶしていくイメージです。水で消えるチャコペンで下描きし、それを埋めるように刺します（P.86参照）。ときどき糸をざざっとはさみで切り、指でなじませたりして好きな雰囲気が出るまで刺してください。

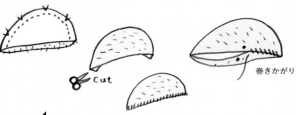

巻きかがり

Cut

4

耳を縫ってつけます。中表に合わせて縫ったら縫いしろに4か所切り込みを入れます。きれいなカーブを出すためです。5mmの縫いしろを3mmくらいにカットし、厚ぼったくならないようにします。表に返して飛び出た縫いしろの角を切り落とし、縫い目に入った毛があれば出しておきます。返し口を裁ち切りのまま巻きかがりします。小さい子の場合は裁ち切りのほうがスッキリしますが、もっと大きい子を作る場合は縫いしろをつけて折り込んだほうがしっかりとつきます。

5

待ち針で仮留めして、位置を決めます。このベアの耳は中央縫い線のすぐ横です。前後のバランスはお好みで。前寄りにすると優しい感じ、後ろ寄りにすると精悍な感じになると思います。女の子ベアが好きな人は気持ち前にするとよいかもしれません。

check!

上からも見てみてください。いい位置に決まったら糸でしっかり縫いつけます。縫い方に決まりはないですが、ひっぱった時に伸びたりしないように、両端は特にしっかりと縫いつけましょう。耳がついたらとりあえずお顔は完成です。気になる毛はトリミングしてあげましょう。

7 joint

頭、胴、腕と足、全部できたらいよいよ合体です。
腕と足の左右を気をつけて!

1

まずは頭から。ボディ上の絞った部分に頭のピンを差し込みます。胴の返し口から手を入れて、ピンにディスク、ワッシャーの順に通していきます。

首のジョイントを
胴の中から見たところ

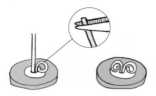

2

割りピンの先をペンチの先ではさみ、一気に巻き上げ、しっかりとピンでディスクを押さえます。丸めたピンがディスクから浮いているのはあまり好ましくありません (グラグラしているのがアンティークっぽいとも言えますが)。私はラジオペンチを使いますが、コッターキーという専用の道具もあります。慣れれば簡単に曲がります。ベア素材用の割りピンは柔らかいものが多いので、上級者になってもっと頑丈にしたい場合は建材用の割りピンもおすすめです。

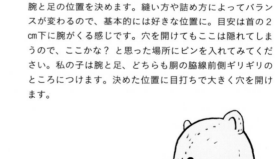

3

腕と足の位置を決めます。縫い方や詰め方によってバランスが変わるので、基本的には好きな位置に。目安は首の2cm下に腕がくる感じです。穴を開けてもここは隠れてしまうので、ここかな? と思った場所にピンを入れてみてください。私の子は腕と足、どちらも胴の脇線前側ギリギリのところにつけます。決めた位置に目打ちで大きく穴を開けます。

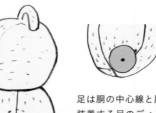

足は胴の中心線と脇線が交差しているところから装着する足のディスク1個分上が目安。決まっているわけではありませんが、私の小型〜中型の子はだいたいこのバランスでつけています。穴の位置は縫い目の前か後ろ、それだけでもバランスが変わるので、いろいろ試してみるのも面白いです。

5つのピンを巻き上げたら、頭、腕、足がクルクル回るテディベアの姿になりましたね!
あともう少し!

8 body stuffing

ポリエステルわた

1

ペレットをスプーンなどを使ってボディに入れます。ペレットの量は3/4〜4/5が目安ですが、お好みで構いません。ペレットだけでは重みが足りないと思ったらステンレスボールを入れてください。

ペレットを入れ終わったら、残り部分にわたを手で詰めます。少し柔らかさを残すと触り心地がよく、首やお腹をクニュクニュ動かして遊べますが、わたはへたりやすいので、理想より少しかために入れておいてください。

ペレット

2

詰め終わったら背中の返し口をとじます。玉結びが動かないように縫い始めと縫い終わりは返し縫いをします。糸は2本どりで。大きめの子はしっかりした穴糸がおすすめ。ペレットをたくさん入れると返し口から出てくることがあります。やりにくい場合は途中までとじて、糸を切らずに残りの詰め物を入れましょう。

背中をとじたらこれで完成っぽいですよね。産声があがった感じです。でも、実はここからが長いのです！ むしろ私はここからのほうが時間がかかったりします。できたての子は、なんとなくつっぱったような感じがしませんか？ 腕の感じ、足の感じ、なんだか思い描いている子とはちょっと違う感じ…。

それではかわいい魔法をかけていきましょう。毛の流れ方はどうでしょうか？ 顔の左右と流れが違っていませんか？ その違いが納得できればいじる必要はありません。ちょっとアンバランスに見えると感じたら、寝ぐせをとる感じでスチームをあててみましょう。熱い蒸しタオルで大丈夫（やけどには気をつけてくださいね）。流れが好きな方向に向くように優しくなでてあげてください。

それからブラッシングや手のひらでクシュクシュ。気になる毛はカットして整えてください。右の写真の線で示したところが主な位置です。手足のパッドの周りの毛は、私は思い切り短くトリミングします。

あと、腕や足ももみほぐしてあげてください。特に首や肩は、みなさん凝り固まって生まれてきますよ。手の先を内側に曲げたり、足もいいスタイルでお座りできるように。

もっと詳しいアンティーク加工はP.87を見てくださいね。

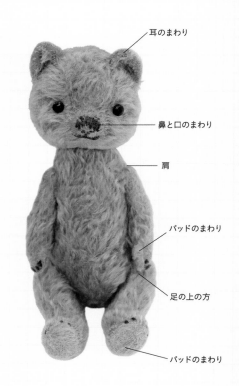

耳のまわり

鼻と口のまわり

肩

パッドのまわり

足の上の方

パッドのまわり

9 eyes

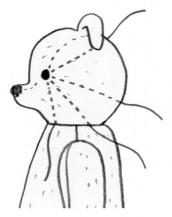

目玉は糸を引く方向で表情が変わります。私はこれに気づくのに長い時間がかかってしまったのですが、本当に変わるんですね。いろんな方向に引いてみて好きな表情を見つけてください。下に引くほどタレ目で甘い表情になっていく気がします。

目玉の種類もたくさんあります。つける目玉でびっくりするくらい別のベアになります。2色のグラスアイなのか、黒1色なのか、3色のポンチ目なのか、大きさでもうんと変わります。できれば数種類用意して、ベストな目玉をつけてあげてください。

1
糸と長針を用意し、図のように目玉をセットします。針金がループになっていない目玉はペンチでループ状にします。糸は、皮革用のしっかりした麻糸などの場合は1本どりでも大丈夫ですが、穴糸くらいだと3本どり、それより細いものは4本どりにしてください。重ねる場合はきっちり同じ長さになるように。

2
目の位置に、目打ちで留める方向めがけて穴を開けます。土台布の織り糸は切らないようにして大き目に開けてください。

3
穴に針を刺して、しっかり引き出します。きっちりと目玉が穴に入りましたか？グラグラしたり、軽く引っ張って目玉が飛び出るようならもう一度目打ちで穴を開け直してください。開けた穴と針の方向が違うとちゃんと入らないことがあります。

4
きっちり入ったら玉留めをして、結び目の横から針を入れて遠くに針を出し、強く引いて結び目を中に入れてしまいます。糸を切ったら、もう片方も同様に。後からつけ直したい場合は玉留めを毛にかくすだけでもいいです。玉留めを切ると簡単に目玉を外せます。

stitch

1

消えるチャコペンで鼻を描き、ざくざくステッチで埋めます。糸を切らずにaの位置に針を出し、鼻下の長さを決めたらそこがbになります。bに針を入れ、鼻の中（c）から出します。

2

鼻の下の線ができました。

3

糸を切らずにcから小さくワンステッチしてイから出します（鼻がサテンステッチの場合は中にかくれるように）。
※ちゃんと下描きした場合はbから直接イに行っても大丈夫です。私は刺しながらバランスを見るので、このやり方になりました。

4

イから出した針を鼻の下の糸にくぐらせ、ロに刺します。

5

鼻の上に出し、糸を引きます。ひと針すくって糸を切って完成。口をはっきりさせたい場合は繰り返して糸を二重にします。口は糸の引き方で表情が変わりますよ。④で鼻の下の糸にくぐらせない場合はちょっとコミカルになります。

ボート型のお口。大きくしてもおちょぼ口でもかわいいです。

チープ系アンティークに多い、横長ストレート。

チクチクボロボロ。お絵描きするように少しずつカタチを作れるので失敗がなく初心者にもおすすめ。

王道なサテンステッチ。重ねてこんもりさせるとイングリッシュ・ベアらしく。少しテクニックが必要ですが気品のあるお鼻です。

make your bear antique

加工は好き好きだと思いますが、
キャラクターのひとつとして取り入れるのも楽しいと思います。
ベアたちが遊ばれた結果、どこが傷むのか？
たくさんのアンティークを見て研究しました。
最もポピュラーな愛の勲章を真似しています。

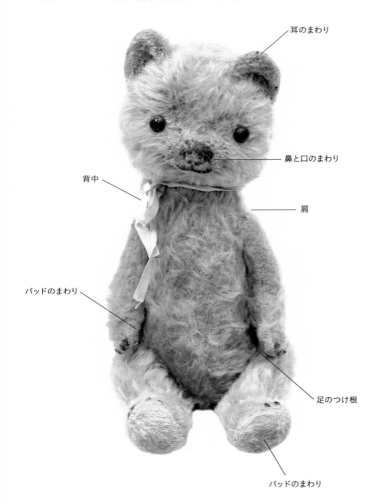

耳のまわり

鼻と口のまわり

背中

肩

パッドのまわり

足のつけ根

パッドのまわり

body stuffing（P.84）でも説明しましたが、
もう一度見直してみましょう。線で示した部分
をはさみでカットします。不自然だったら、
ところどころ毛抜きで抜くと自然な感じにな
ります。

そして、毛がなくなった部分を色鉛筆で汚し
ます。しっかり色をつけたい場合はもっと強
力な布ペンなどでもいいのですが、色鉛筆は
すぐに薄くなり、私はその自然さも気に入っ
ています。汚したかなあ？　と疑うくらいな感
じです。
鼻には専用のワックスもあります。これを塗
ると刺繍糸にもアンティーク感が出ます。

耳や手のひら、鼻先などに補修後のようなス
テッチを入れてもかわいいです。

あとはひたすら、こねるこねるこねる。
手首。足首、お腹など、しっかりなじんだくまさんになるまで、
こねこねしてください。

mignonne

小さいので、kūmāの半分のモヘア
で作ることができます。胴は2枚を
中表に合わせて縫い合わせ、表に
返します。腕と足はパッドがないの
で、中心線で中表に折り、縫い合
わせて表に返します。頭の作り方
やジョイントのつけ方などはkūmā
と同じです。

材　料（身長約17cm・耳含む）
モヘア 1/16ヤード（35×22cm）
グラスアイ　直径6mm前後を1組
ジョイント　（頭直径15mm×1、
　腕直径13mm×2、足直径15mm×2）
縫い糸、刺繍糸、
ポリエステルわた、ペレット各適量

lapin

腕と足にパッドがない以外はkūmāと同じ作り方です。腕と足は
中心線で中表に折り、縫い合わせて表に返します。しっぽは
dakkoを参考（P.90）にしてください。
kūmāの耳はつけ側に縫いしろをつけませんが、lapinの耳は縫い
しろをつけて中に折り込み、頭に縫いつけます。しっかりと立ち
上がります。
耳の前面布はリネンですが、フェルトやベルベットでもかわいい
です。うさぎはほわほわさせたかったので、トリミングはほとん
どしていません。布を裁断する時も縫いしろ周辺の毛はカットし
なくて大丈夫です。
仕上がったら、赤い色鉛筆でほお紅をさしてあげるとかわいさが
アップしますよ。すぐに薄くなりますが、赤くなりすぎるのが怖
い方はピンクで試してください。中心部から少しずつ円を大きく
して様子を見ながら描いていきます。
赤い目玉はグラスアイか、アンティークシューボタンをアクリル
絵の具で塗装します。

材　料（身長約33cm・耳含む）
モヘア 1/8ヤード（35×45cm）
パッド・耳前面布　適量
グラスアイ　直径8mm前後を1組
ジョイント　（頭直径26mm×1、
　腕直径20mm×2、足直径32mm×2）
縫い糸、刺繍糸、
ポリエステルわた、ペレット各適量

口の縫い方

糸が隠れる場所にひとすくいして糸どめをします。1に針を
出し、2に入れて3に出し、1－2の糸を引っかけて4に入れ
ます。5に出して4にくぐらせ、6に入れて目立たないところ
に出します。糸が隠れる場所にひとすくいして遠くに糸を出し
て切ります。二重にしたい時は切らずにそのまま1から繰り返
します。お好みで鼻先にピンクの刺繍を。サテンステッチで
もなんでもいいです。色鉛筆で色をつけるだけでもOK。

dakkoを作りましょう

マズル（鼻先）が切り替えになった、ジョイントのない抱き心地のいいベア。同じモヘアの半分を手染めし、ツートンカラーにしています。茶色のファーに、マズルとお腹だけ淡い色にしたり、マズルだけ色を変えてみるのもいいですね。鼻は粘土で手作りしていますが、お好みで刺繍にしても。
基本の作り方はkūmāを参照してください。

dakko

材 料（身長約43cm・耳含む）
モヘア 1/4ヤード（70×45cm）
パッド用布　適量
グラスアイ　直径16mm前後を1組
粘土（オーブン粘土など）　適量
針金　少々
縫い糸、刺繍糸、
ポリエステルわた、ペレット各適量

右は原寸、左の子は50％縮小です。マズル（鼻先）、ボディ、パッドなどを違う色にしています。ジョイントを使っていないので、目鼻を外せば洗うこともできます。

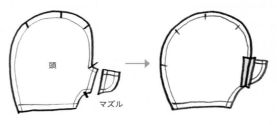

頭

マズル

1

マズル部分が切り替えなのでつなぎます。中表に合わせて縫い、縫いしろを割ります。頭（中央）の型紙は2つに分かれているので合印でつないで使用します。

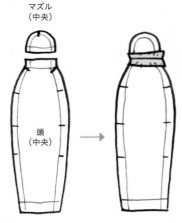

マズル
（中央）

頭
（中央）

2

kūmā同様に頭と頭（中央）を縫い合わせます。マズルのつなぎ目は中央と横でぴったり合うようにしてください。

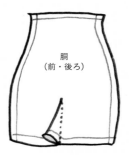

胴
（前・後ろ）

3

ボディ前後のダーツをそれぞれ縫います。縫いしろは割ります。

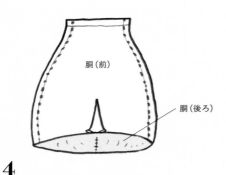

4

胴（前・後ろ）を中表に合わせて脇を縫います。

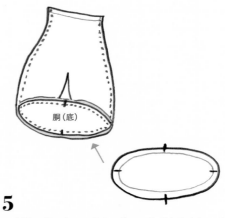

5

胴（底）を縫い合わせます。底のほうが大きめなので、ほんの少しギャザーを寄せる感じで合体させます。丸みのあるボディになります。初心者はしつけをするときれいにできます。

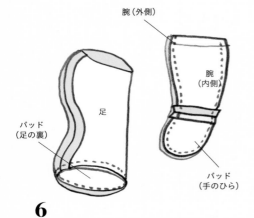

6

kūmāを参照して、腕と足を縫います。しっぽは中表に合わせ、底辺を残して縫います。

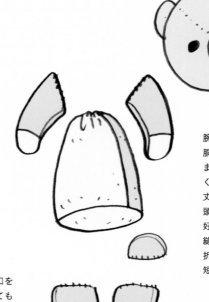

7

パーツを表に返し、わたを詰めて返し口をとじます。あまりパンパンに詰めなくてもいいですが、触り心地がよいと思うところより、気持ちかために詰めてください。あとでヘタるので。

腕、足、しっぽはコの字とじ、胴と頭はぐし縫いをして絞ります。1回では弱いので、3回くらいは糸を回してしっかり丈夫にしてください。
頭は少し長めにしてあるので、好きな形に調整してください。縫いしろを多めにとって中に折り込むようにしてとじると短くなります。

コの字とじ

8

すべてのパーツができたら、糸で縫いつけ
ていきます。どんな縫い方でも構いません。
引っぱって取れないようにしっかりつけて
ください。

鼻の作り方

粘土を使います。樹脂粘土が手軽ですが、雰
囲気がいいのはオーブン粘土です。好きな大
きさに形成し、針金を埋め込んで乾燥させ、
乾いたら（オーブン粘土はオーブンで焼く）油
性マジックもしくはアクリル絵の具で着色し
ます。

鼻のつけ方

目玉のつけ方と基本的に同じですが、最後に
接着剤（木工用でOK）で布に固定します。接
着剤を目打ちの先に少しつけ、布と鼻の間に
塗ります。乾いたら上下に動かないか確認し、
動くようなら追加します。目玉は鼻と違って
楕円なので、クルクル回ると傾くので固定の必
要があるのです。まん丸であれば不要です。

ワイヤーは左のような形に作り、
半分くらいを粘土に埋め込みます。
入れる時に中心を少しずらしてお
きます。真ん中だと鼻先の玉結び
にぶつかってしまうことがあるか
らです。

clothes

2

前面をバイアステープで
くるんで縫います。

4

耳2枚を中表に合わせて縫い、
表に返し、縫いつけます。

うさぎ耳のボンネット

1

頭中央と頭を縫い合わせ、
縫いしろは割ります。
頭のほうにギャザーをほんの少し
寄せる感じでつけます。

3

裾をぐし縫いして12㎝くらいに縮め、バイア
ステープ（約50㎝）を中心を合わせてくるんで
縫います。あまった部分はひもになります。

※バイアステープを使わない場合は、
前面に縫いしろをつけて裁ち、三つ
折りにして縫ってひもを入れます。
レースの飾りをつけたりつばをつけ
たり、工夫して遊んでください。

エプロンドレス

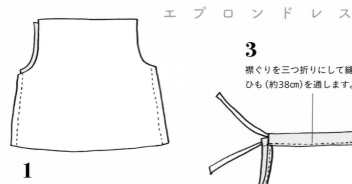

3

襟ぐりを三つ折りにして縫い、前後に
ひも（約38㎝）を通します。

1

2枚（前後の区別はありません）を
中表に合わせ、脇を縫います。

2

袖ぐりを三つ折り
にして縫います。

4

裾を三つ折りにして縫います。

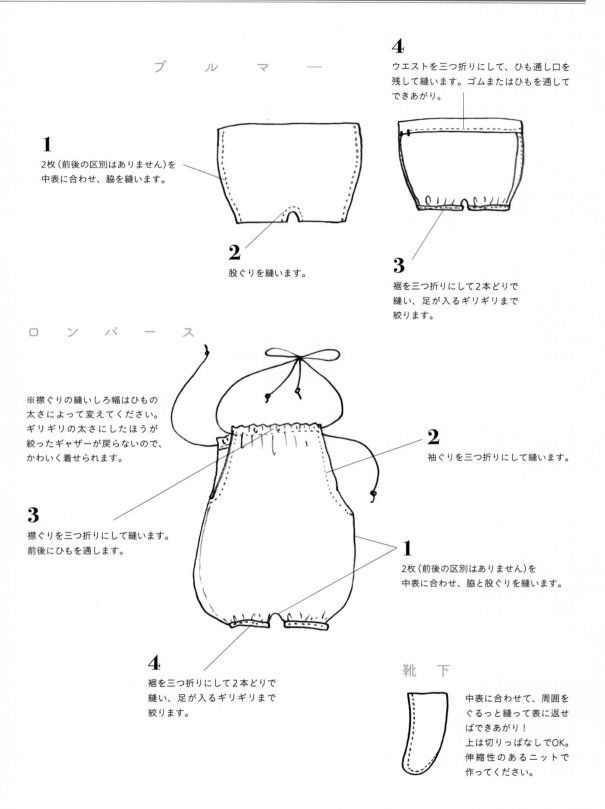

ブルマー

1
2枚（前後の区別はありません）を
中表に合わせ、脇を縫います。

2
股ぐりを縫います。

4
ウエストを三つ折りにして、ひも通し口を
残して縫います。ゴムまたはひもを通して
できあがり。

3
裾を三つ折りにして2本どりで
縫い、足が入るギリギリまで
絞ります。

ロンパース

※襟ぐりの縫いしろ幅はひもの
太さによって変えてください。
ギリギリの太さにしたほうが
絞ったギャザーが戻らないので、
かわいく着せられます。

2
袖ぐりを三つ折りにして縫います。

3
襟ぐりを三つ折りにして縫います。
前後にひもを通します。

1
2枚（前後の区別はありません）を
中表に合わせ、脇と股ぐりを縫います。

4
裾を三つ折りにして2本どりで
縫い、足が入るギリギリまで
絞ります。

靴下

中表に合わせて、周囲を
ぐるっと縫って表に返せ
ばできあがり！
上は切りっぱなしでOK。
伸縮性のあるニットで
作ってください。

omotase bear

1

すべてのパーツを中表に合わせて縫い、
表に返します。

2

わたを詰め、頭とボディの返し口をぐし
縫いして絞ります。

3

腕と足の返し口もぐし縫いして絞り、胴
に縫いつけます。

4

耳は絞らず、縫いしろを中にたたんで頭
に縫いつけます。好みのボタンや刺繍
で目をつけて、鼻を刺繍して完成です。

ABOUT omotase

テディベアの相棒、お持たせベアやバニーは、かれこれ
20年以上作っています。
でも、あくまでおまけなので、あまり手をかけずなるべく
サクサク作っていたのですが、それが結構ほめられるよう
になって。
いびつなほうが味が出るので、左右対称でなくてもいいし、
ラフに作れば作るほどかわいいと思います。
アンティークのくったり感が欲しい場合は、一度水通しし
て、ぎゅっと絞って干します。小さいのですぐに乾きます。

omotase bunny

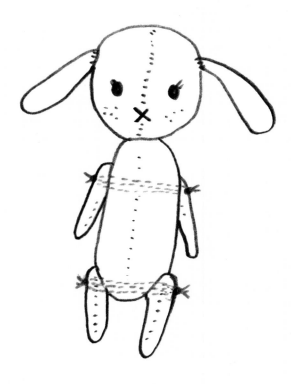

※ディスクジョイントのように手足を
動かせます。ボタンをつければボタン
ジョイントになります。

1

それぞれのパーツを中表に合わせて縫い
合わせて表に返します。ベアとは違って
頭とボディの縫い目が前に来ます。

2

わたを詰めて頭をつけます。ここまでは
お持たせベアと同じ。

3

腕と足は、糸ジョイントでつけます。玉
留めは見えていて構いません。針を腕の
ジョイント位置（場所は好みで）に刺し、
胴に貫通させて反対側の上にも貫通させ
ます。腕、胴、腕と串刺しにする感じ。
1mmくらい糸を渡したら最初の玉留めま
で針を戻し、往復します。3回くらい糸を
渡したら玉留めをして糸を切ります。

4

足も同様につけます。

5

顔を刺繍してできあがり。

shop list

テディベアの材料が購入できるショップリストです。
中には通販のみ、テディベアイベントでの出店のみの
お店もあります。

● オカダヤ新宿本店
シュタイフ社のモヘアやジョイント、目玉などのテディ
ベア材料のほか、豊富な生地や手芸用品、書籍の販売も。

〒160-0022　東京都新宿区新宿3-23-17
TEL: 03-3352-5411
https://www.okadaya.co.jp/shop/c/c10/

● プリメーラ
テディベア材料の販売だけではなく、テディベアの作り方
講座も開催。本社のほか、目黒店もある。

〒141-0031　東京都品川区西五反田4-32-1
東京日産五反田ビル内1F
TEL:03-5719-6260
http://primera-corp.co.jp/

● サンタクルーズベア
テディベアの材料がすべて揃う材料専門店。モヘアの種
類も豊富。シュタイフシュルテ社製品の日本総代理店。

https://www.santacruzbear.net/

● くまの王様
手染めのオリジナルモヘアが魅力。日本では手に入れに
くい珍しいものも。

http://kumano-osama.com/

● ハンドワークアミカ
テディベア＆アンティークの手芸材料をドイツや東欧から
直接買いつけしている。

https://ja-jp.facebook.com/handworkamica1902

● Mori's Bear GALLERY
ハンドメイドのグラスアイが豊富に揃う。ガラスのス
トックなど、条件が合えば好みの目玉のオーダーも可能。

https://minne.com/@morisbear

teddy bear museum

貴重なアンティークベア、世界の作家のアーティストベア
を鑑賞することができる日本各地のミュージアム。
たくさん鑑賞することで、自分の感性も磨かれます。

● 那須テディベア・ミュージアム
世界中を最も多く旅したテディベア「テディ・エドワー
ド」をはじめ、世界中のアーティストベアがたくさん。

〒325-0302　栃木県那須郡那須町高久丙1185-4
TEL:0287-76-1711

● 伊豆テディベア・ミュージアム
ギネスブックにも載っている「テディガール」をはじめ、
珍しいベアのコレクションが豊富。

〒413-0232　静岡県伊東市八幡野1064-2
TEL:0557-54-5001

● 飛騨高山テディベアエコビレッジ
築180年の合掌造りの古民家を再生した館内には、1,000
体ものベアたちがずらり。

〒506-0031　岐阜県高山市西之一色町3-829-4
TEL:0577-37-2525

● 蓼科テディベア美術館
世界のテディベア11,000体あまりを集めた、世界最大規模
を誇るテディベア美術館。

〒391-0321　長野県北佐久郡立科町芦田八ヶ野1522白
樺湖畔
TEL:0267-55-7755

● テディベア キングダム
ハウステンボス内の4大美術館の一つ。約700体のさまざ
まなテディベアが鑑賞できます。

〒859-3292　長崎県佐世保市ハウステンボス町1-1
TEL:0570-064-110

（2022年6月現在）

patterns

型紙は実物大ですが、好みの大きさに拡大・縮小して使うことができます。
コピーをとるか、薄い紙などに写し取ってください。
縫いしろはついていません。⑥⑩のように丸囲みの数字が縫いしろの寸法
です（単位＝mm）。
洋服は、原寸でkūmāとlapinに着せることができます。
靴下は伸縮性のあるニット素材で作ると両方にはかせることができます。

kūma

作り方▶ P.77

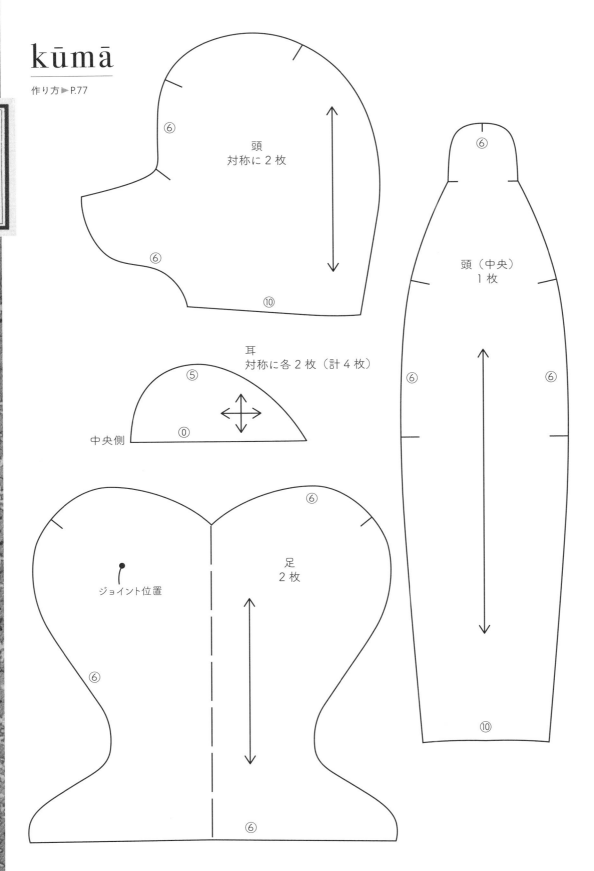

頭
対称に2枚

頭（中央）
1枚

耳
対称に各2枚（計4枚）

中央側

足
2枚

ジョイント位置

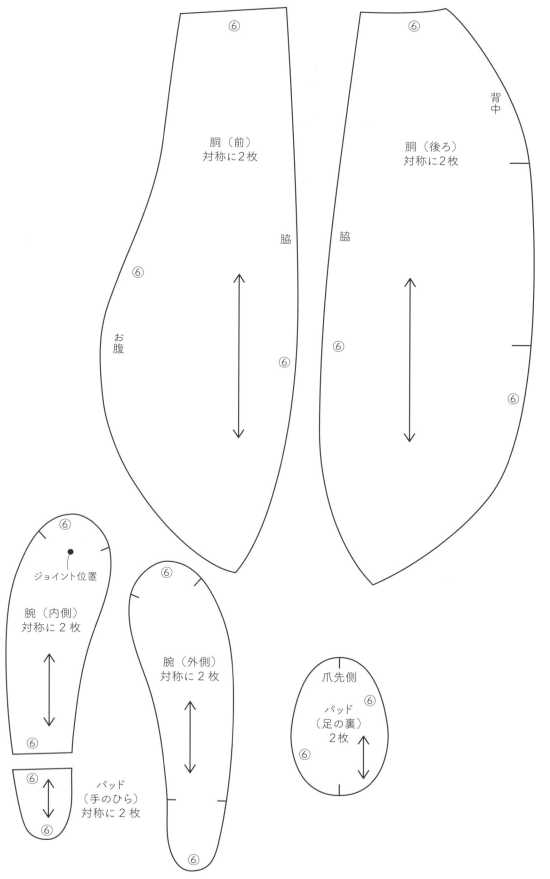

胴（前）
対称に2枚

⑥

⑥

脇

⑥

お腹

胴（後ろ）
対称に2枚

背中

脇

⑥

⑥

⑥

ジョイント位置

腕（内側）
対称に2枚

⑥

腕（外側）
対称に2枚

⑥

爪先側

パッド
（足の裏）
2枚

⑥

⑥

⑥

パッド
（手のひら）
対称に2枚

⑥

⑥

lapin

作り方 ▶ P.88

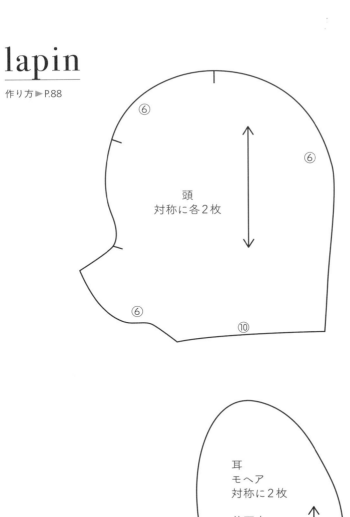

頭
対称に各2枚

⑥ ⑥ ⑥ ⑥ ⑩

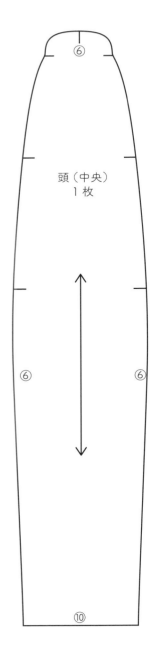

頭（中央）
1枚

⑥ ⑥ ⑥ ⑩

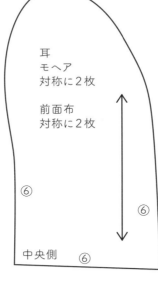

耳
モヘア
対称に2枚

前面布
対称に2枚

⑥ ⑥

中央側 ⑥

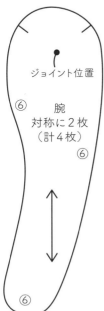

ジョイント位置

⑥ 腕
対称に2枚
（計4枚）

⑥ ⑥

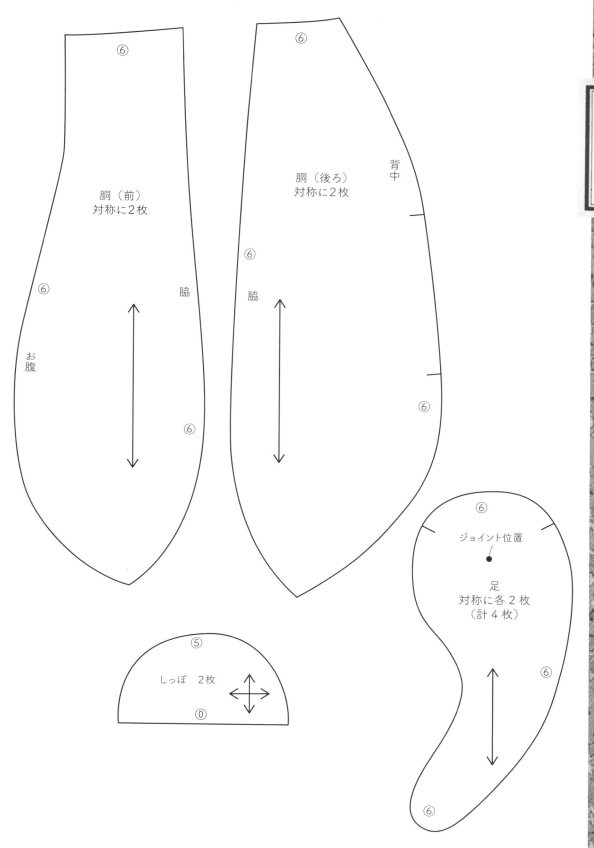

胴（前）
対称に2枚

⑥

⑥

脇

お腹

⑥

胴（後ろ）
対称に2枚

⑥

背中

脇

⑥

⑥

ジョイント位置

足
対称に各2枚
（計4枚）

⑥

⑥

⑤

しっぽ　2枚

⓪

lapin

mignonne

作り方▶P.88

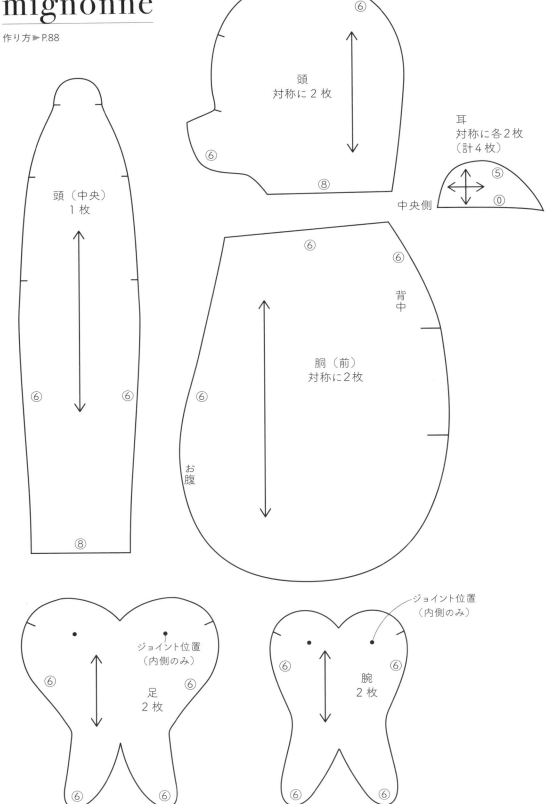

頭
対称に2枚

耳
対称に各2枚
（計4枚）

中央側

頭（中央）
1枚

背中

胴（前）
対称に2枚

お腹

ジョイント位置
（内側のみ）

ジョイント位置
（内側のみ）

足
2枚

腕
2枚

mignonne

dakko

作り方 ▶ P.89

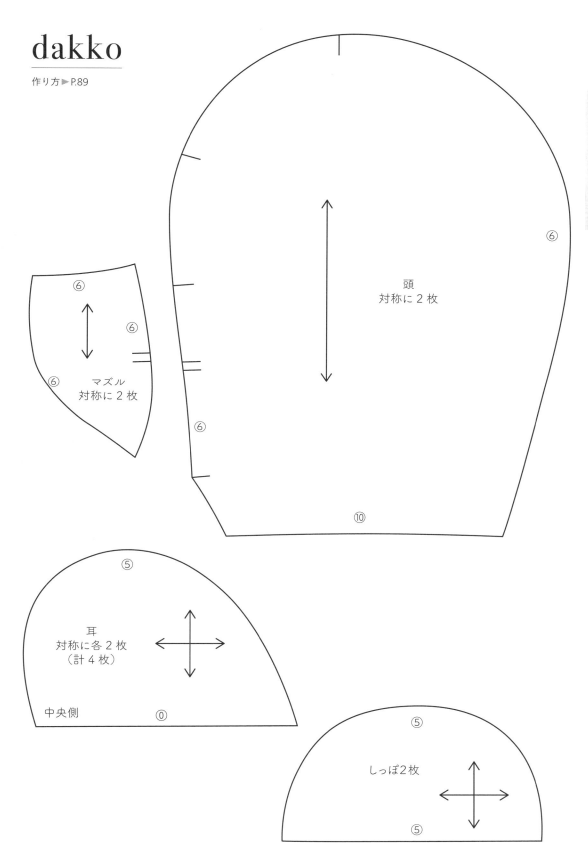

⑥

マズル
対称に2枚

⑥

⑥

⑥

頭
対称に2枚

⑥

⑩

⑤

耳
対称に各2枚
（計4枚）

中央側

⓪

⑤

しっぽ2枚

⑤

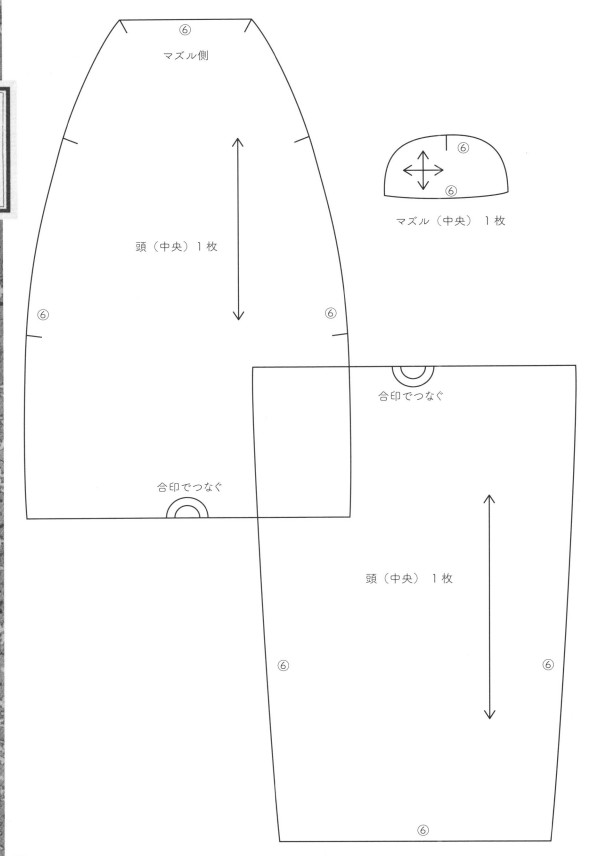

⑥

マズル側

⑥

頭（中央）1枚

⑥

マズル（中央）1枚

合印でつなぐ

合印でつなぐ

頭（中央）1枚

⑥

⑥

⑥

⑥

dakko

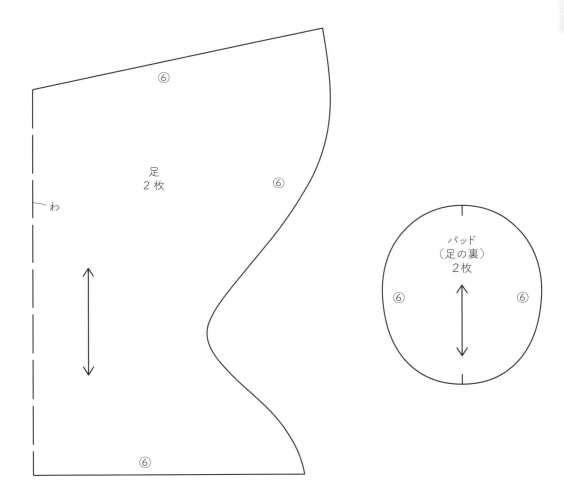

足
2枚

わ

⑥

⑥

⑥

パッド
（足の裏）
2枚

⑥ ⑥

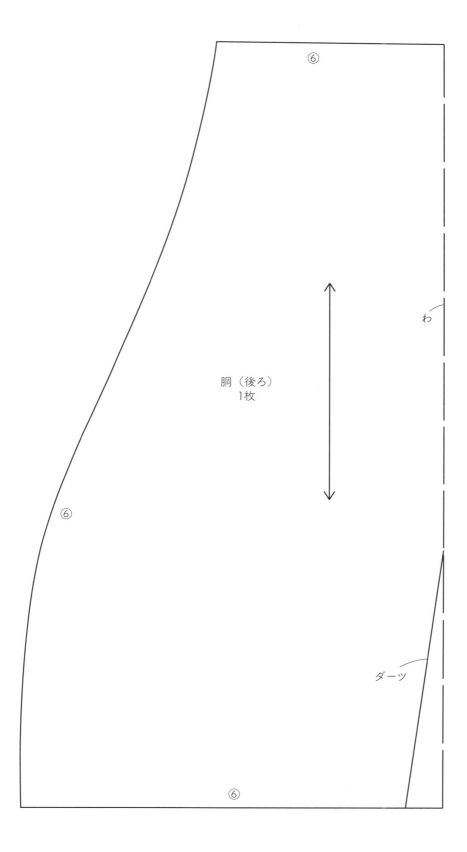

胴（後ろ）
1枚

⑥

⑥

⑥

わ

ダーツ

dakko

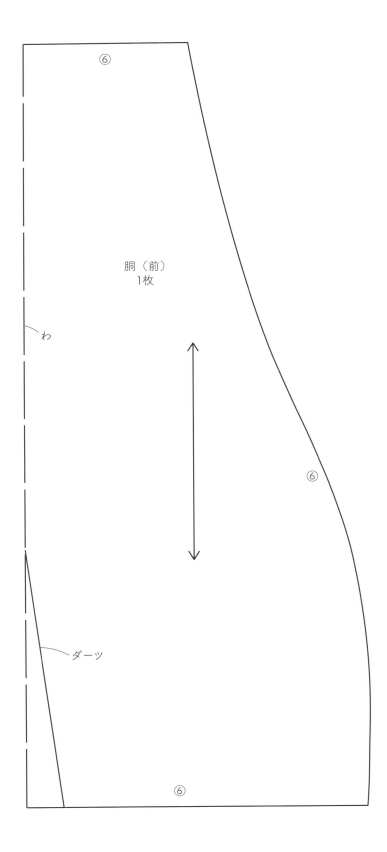

胴（前）
1枚

⑥

わ

⑥

ダーツ

⑥

dakko

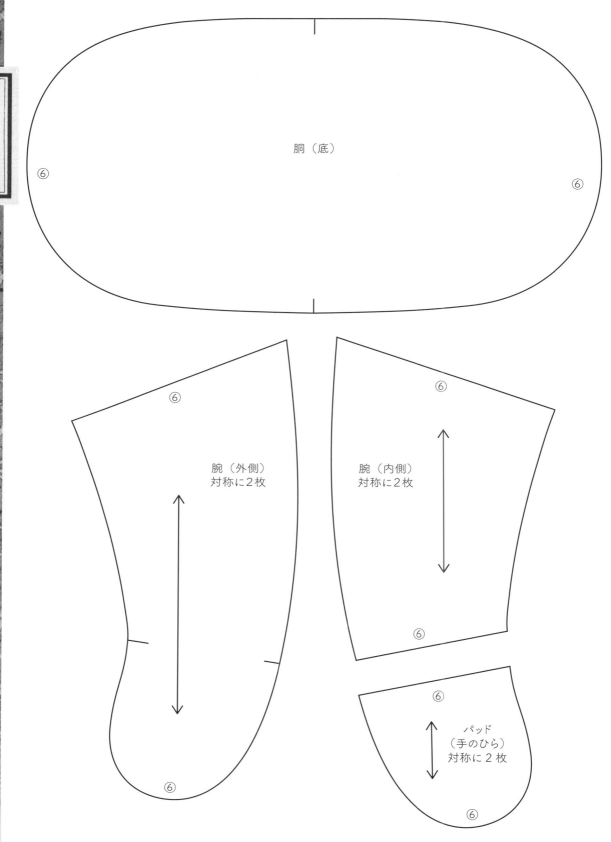

胴（底）

⑥

⑥

⑥

腕（外側）
対称に２枚

腕（内側）
対称に２枚

⑥

⑥

⑥

パッド
（手のひら）
対称に２枚

⑥

dakko

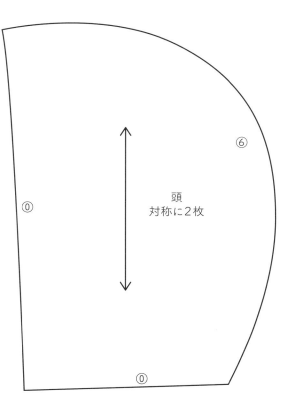

うさぎ耳のボンネット

作り方 ▶ P.92

頭
対称に2枚

⑥

⓪

⓪

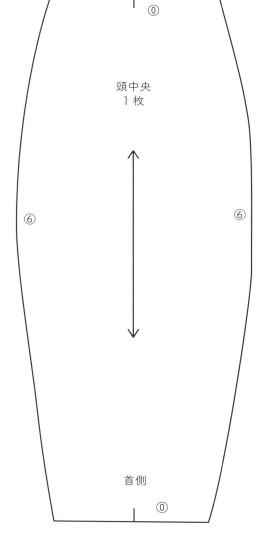

頭中央
１枚

⓪

⑥

⑥

首側

⓪

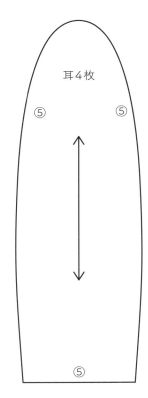

耳4枚

⑤　⑤

⑤

エプロンドレス

作り方 ▶ P.92

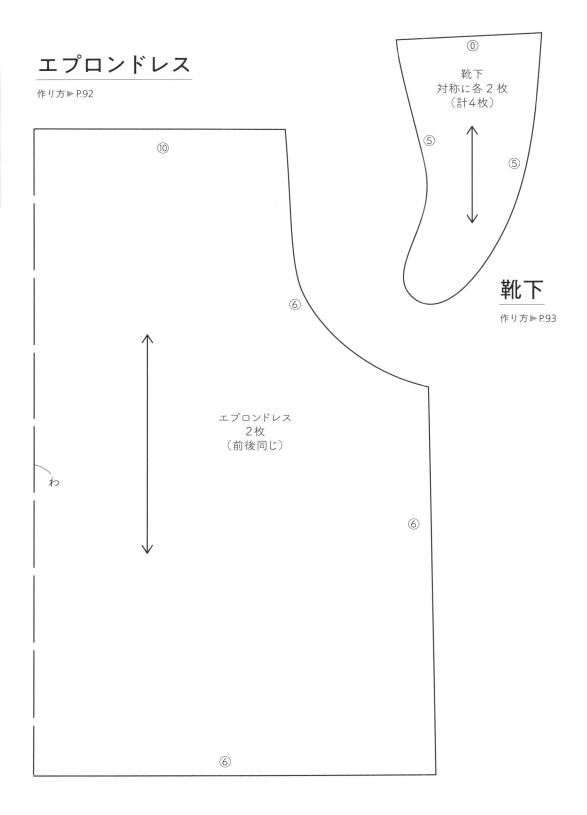

⑩

エプロンドレス
2枚
（前後同じ）

わ

⑥

⑥

⑥

◎

靴下
対称に各2枚
（計4枚）

⑤

⑤

靴下

作り方 ▶ P.93

cloths

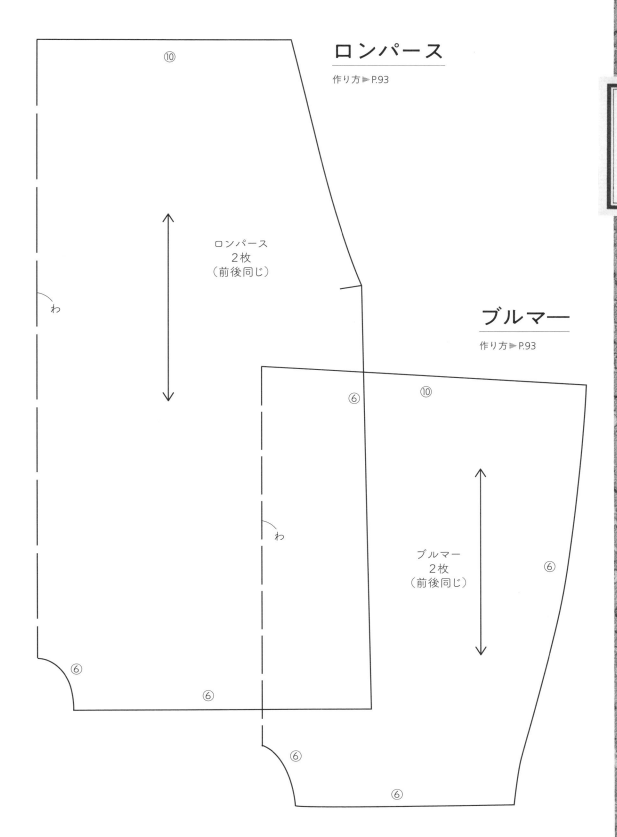

ロンパース

作り方 ▶ P.93

ロンパース
2枚
（前後同じ）

わ

⑩

⑥

⑥

ブルマー

作り方 ▶ P.93

ブルマー
2枚
（前後同じ）

わ

⑩

⑥

⑥

⑥

⑥

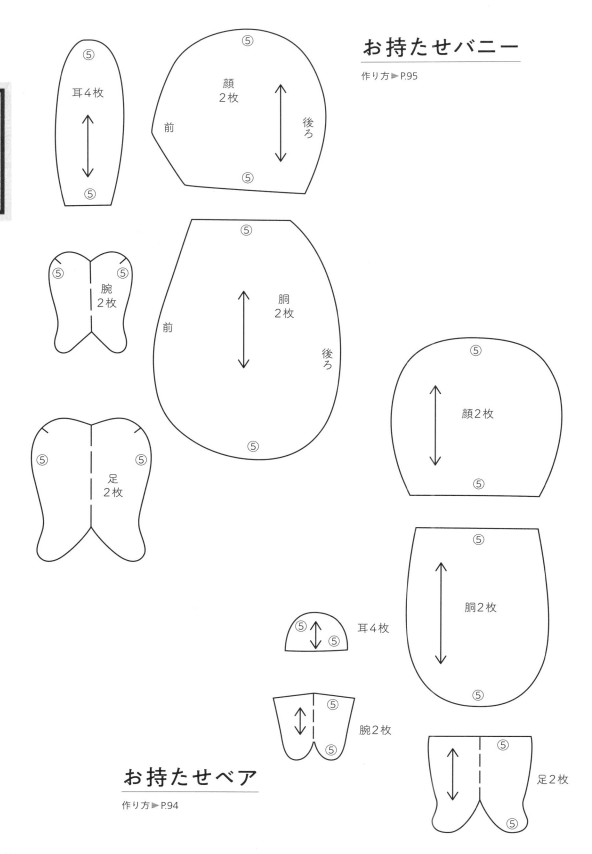

お持たせバニー

作り方 ▶ P.95

耳4枚

顔
2枚

前　　後ろ

腕
2枚

胴
2枚

前　　後ろ

足
2枚

顔2枚

胴2枚

耳4枚

腕2枚

足2枚

お持たせベア

作り方 ▶ P.94

omotase

life with teddy

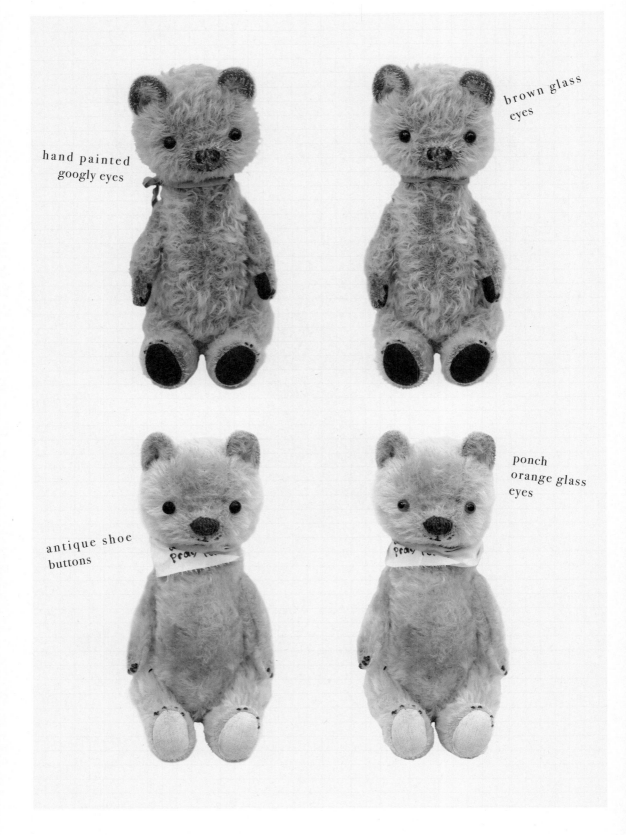

hand painted
googly eyes

brown glass
eyes

antique shoe
buttons

ponch
orange glass
eyes

ひとつの型紙からできるバリエーション

今回は、kūmāのパターンでたくさんの子を作りました。左の4体に見える2体（上下2体ずつ同じ子なので）は、kūmāの型紙原寸大、アレンジなしで作っています。
目玉とモヘアを変えただけでもこんなに雰囲気は変わります。
慣れてくると、ファーの分量でパターンの調整ができるようになりますが、あえて偶然出てくる変化を楽しむのも大いにありだと思います。

本書のパターンをそのまま使って同じモヘアで作っても、なかなか写真のようにはならないかもしれませんが、一番大切なのは、その子その子に合った仕上げ方になってきます。

諦めずに、生まれてきた子がどんな子になりたがっているのか？ どんな表情が似合うのか？ ご自身で見つけてみてください。

lapinの耳を垂れ耳にしてロップイヤーのうさぎさんにしてもかわいいです（その時は耳は大きめで裁断してみてください、kūmāの耳を犬耳にしてみると不思議と犬に見えてくると思います）。
そして慣れてきたらそこから思い切って舵を切り、ご自身の完全オリジナルにもぜひチャレンジしてみてください。

variation

●この本に登場する「kūmā」

表紙	原寸	Cタイプモヘア使用	グラスポンチアイ	
P1	90%	少しマズル短め	Cタイプモヘア使用	ブラックアイ
P2	90%	少しマズル短め	パッド小さめ	Cタイプモヘア使用	ブラックアイ
P6	90%	ワンウォッシュしたCタイプモヘア使用	ブラックアイ	
P10	原寸	Cタイプモヘア使用	グラスポンチアイ	
P26	左:80% 右:90%	Cタイプモヘア使用	ブラックアイ	
P28	90%	Cタイプモヘア使用	ブラックアイ	
P63	90%	Cタイプモヘア使用	アンバーグラスアイ	
P113	原寸	腕を少し長めにしています	Cタイプモヘア使用	ブラックアイ
P116	左:原寸	毛足2センチ程若干スパースタイプ	アンティークシューボタン	手描きしたポンチアイ
P122	90%	Cタイプモヘア使用	ブラックアイ	
P124	80%	Cタイプモヘア使用	アンバーグラスアイ	

●この本に登場する「lapin」

P12	原寸	ショートのアルパカ	3色ポンチアイ

自 分 ら し い ベ ア を 作 ろ う

母が洋裁を職業にしていた事もあって、幼い頃から身の回りには色んな布がありました。
中学生になるくらいまではミシンには触ると叱られましたが、母の針や糸を使って、お人形の服を作ってみたり、ぬいぐるみも作って遊んでいました。

3つ年上の姉が口をパクパク開けられるワニを作った事があり、それを真似して作ったりしてましたが、ちゃんと口の開くワニを何も見ないで作っていた姉も、それを真似してなんとなく作っちゃえる10歳くらいの自分もすごいな、と今となれば思います。

こうしなくっちゃ！ みたいな決まりは何もなく、ただ純粋に、カタチにしたい！ という思いだけで、結構なんとかなっちゃうんですよね。

それから、いつも母は姉の手はキレイだけど、私のは汚いね、と言ってました。普通ならそこでへこたれるじゃないですか？
でも私は、誰に褒められなくても、「でも、私のほうがかわいいもん！」っとこっそり自画自賛して自信満々でした（笑）。
そういう根拠のない自信過剰が、今に繋がっているのかな？ と思います。いい意味でも悪い意味でも……。

たまに、学校に行っていないから、習ったことがないから、と、すぐに諦めてしまっている人がいますが、な

にかカタチにしたいものがあるなら、そういう事は関係ないんじゃないでしょうか？
とにかくやってみて、どうしても誰かの助けがないと実現できそうにない事があれば、片っぱしから調べればいいし（今は便利な時代ですよね）、大人になって学校に行けば、本当にやりたい事があるんだから、なんとなく行く若い人より身になる気がします。

うまく行かなくても投げないで、丁寧に頑張ればかわいい子はできます。
きっと1作目は仕上がったという事への満足感が得られるのではないでしょうか？
2体目からは次はもっとうまく作るぞ！ という意気込みがあるから、できないと少しがっかりするかもしれません。
3体目、4体目と作るうちに手が慣れて、お友達にプレゼントできるくらいにはなると思います。

だけど、うまくなくても、先に私が書いたように、売ったり人にあげたりするのではなく、自分の子にするなら、かわいかったらいいじゃないですか！
なんといってもぬいぐるみはその表情にあり！ だと思います。
その不完全さもまた、今の自分にしかできない子なので、どうか優しく愛でてあげてください。

うまくなるには、焦らないこと、諦めないこと。

飾　り　方

私は、図鑑的な集め方はしていませんし、キャビネットに入れるのもあまり好きじゃ
なくて、棚などに並べています。
あまりごちゃごちゃ置くよりも、ポツンポツンと余白を持って置くほうがベアもかわ
いく見えるとは思うのですが、何しろ、好きになったらこれが止まらないんですね。
飾りじゃないのよテディベアは！ってなるわけです。
なので好きなように置いてあげてください、としか言えません。

ベアたちは我慢強くて、構ってあげなくてもじっと私たちを見守り続けてくれます。
でも、たまには思い出してあげてください。
そして手にとってちょっとホコリを払って。 もしかしたら、同じ場所には飽きちゃって
いるかも？ 他に仲良くしたい子がいるかも？
席替えすると急にベアの目がキラキラしだす事は珍しくありません。
ベアたちは、全然構ってちゃんではないのですが、構ってあげると断然喜びます！

テ　ディ　ベ　ア　の　お　手　入　れ

作家のベアやアンティークのベアは、基本的に水洗いはできないと考えましょう。
詰め物がカチカチに入っていますし、ジョイントに金属や厚紙のボードが入っていたりするので。

現行品はメーカーさんのタグに指示があると思いますので従いましょう。
作った人がわかるベアは、作家さんに聞いてみるのがいいと思います。
洗えないベアは、定期的なホコリ落としのブラッシングと風通しの良い場所での陰干しでいいと思います。

傷んだアンティークは、度重なる日光消毒は生地が傷むので避けたほうがいいかもしれません。
汚れをどうしても取りたい時は、ぬるま湯に洗剤を適量入れ、タオルに浸して固く絞り、それで拭いてあげ、洗剤なしの濡れタオルで二度拭きし洗剤分を取り除いてから、陰干し、最後にブラッシングで整えます。
汚れが軽減すると思いますが、完全ではないと思います。
どうしてもキレイにしたい場合は、専門性の高いクリーニング屋さんに相談するのがいいと思います。

ちなみに、今回ご紹介したdakkoちゃんは、洗うことができます（素材によりますが、目玉と鼻は取り外してください）。

万が一、虫の発生などが気になる場合は、防虫剤の入ったビニール袋に入れて口をしばり、しばらく置いておきます（防虫剤は夏場の衣類保管時より多めに投入します）。

以前、冷凍するという虫駆除の方法を見たことがありますが……どうなんでしょうね？
まず冷凍庫に相当余裕がないとですよね。
虫嫌いさんは、きっと考えたら、ゾワゾワしてきますよね？

詰め物がポリエステルわたの現代の子は、大きな虫が中に入り込むというのはあまりないと思います。
昔の子は、羊毛が入っていたり、虫が食べたいものが入ってたのかと。

家庭で作られた子には、小豆や米が入っていたという
のも聞いた事があります。

箱などで長期間保管する際も、防虫剤や除湿剤を入
れておくと良いでしょう（防虫剤の指示通りの量で大
丈夫です）。

日本の気候は夏場かなり湿気が発生するので、押入
れなどでの長期保管は、カビに注意してください。

hmmm...
I am afraid of water
very much !!!
really i need have
a bath ?

この写真は最初の表紙候補でした。当初おぼろげに描いていた
表紙のイメージは、実際活字を載せるとなにか自分らしくない
気がして、写真をたくさん撮り直しました。でもこの写真も
いいでしょう？　後ろ髪引かれる私に担当さんが番外編ページ
を用意してくれました。

ベ　ア　の　撮　影　法

以前、私のホームページに写真の撮り方を書いたのですが、当時はまだデジタルカメラの性能も良くなくて、もちろんスマホなんて物も無かったのです。

今はいつもカメラがそばにある時代ですよね。皆さんとてもカメラ慣れしていて、上手で、私のほうがSNSを見て脱帽する事が多々あります。

発信するからには、うんとかわいく見せたい！　という気持ちの表れもあるでしょうね。

センスの良い方、こだわっている方が多くて、コレクターさんの写真に「こんな見方があったのね！」「こんな色使いもいいなぁ！」と感心しっぱなしなので、このページはいらないんじゃない？　と思ったりもしますが、「cocoさんなりの写真を撮る時の視点や心構えみたいなのをお願いします」と編集さんにリクエストされたので、それにお応えしたいと思います。

今回、自分がまだまだできていない事を思い知ったので、とてもお恥ずかしいのですが……。

普段は、雰囲気重視で、そこまではクオリティにシビアにはならずに気楽に撮っていますが、紙の本となると、ある程度の大きさが必要になり、パソコンで拡大するといろいろ粗が見えてきてしまいます。

それを見てしまうと、普段は気にしていない細かい部分がものすごく気になってしまい、しばらくは光具合、手ブレ、構図との格闘でした。

そうこうしているうちに、なんだかいつもよりベアの表情が硬い事に気づきました。

ピントがジャストでも、手ブレしてなくても、構図がうまくいっていても、表情がダメだと、作者自身で撮っている意味が全然ないなぁ、と思えて……。

うっかり大切な事を忘れそうになったけど、初心に戻らなければ！　と。

「被写体と心を通じ合わせる」。

その子のチャームポイントがどこにあるのか？　心をうんとズームインしたり、また時にはすこしアウトにしたり。

写真は光と影の芸術だと言われていますが、まさにその通りだと思います。光と影を利用して、被写体の表情をどう出せるか？　が鍵だと思うのですが、でもそれはかなり上達してから……。

素人の私は、まずは目の前の子の表情をどう感じるのか？　それをじっくり考えること、リラックスして楽しむことが先だったな、と思えたのでした。

SNSでコレクターさんの写真がキラキラしているのは、初めの大切な一歩！　の部分をクリアしているからでしょう。

わたしも初めの一歩！　の大切な部分は忘れずに、これからもかわいい表情の写真を追求したいと思います。

ベ ア を 日 常 に

最近では小さなサイズの子をバッグに忍ばせて出かけている大人の方も多いですね。
旅行だったり、レストランだったり。
SNSのせいなのでしょうか?
ぬいぐるみにレポートをさせると絵になりやすいのかもしれませんし、お一人様の旅
だと、ぬいぐるみが側にいる事で心強くなったりするのだとも思います。

私のお客様からも「連れ歩きサイズ」というリクエストをよく頂くようになりました。

20年位前の日本では、大人がバッグからぬいぐるみを取り出すと周りの視線が痛い
感じだったのですが(子供はよって来ますが!)、そういう点では今はいい時代かなぁ
と思います。

たしか、丸っこいフワフワな存在というのは、気持ちをホッとさせる効果があると
科学的な実験でも証明されていたと思いますし、意識的に気持ちをほぐしてあげる事
は、身体のストレッチ同様に大切な事だと感じます。

epilogue あとがき

2020年夏、STAY HOMEでひたすら家のベランダで自分で撮った写真は、
表現も限られ、拙いものではありますが、
素晴らしい編集者とデザイナーに支えられ、
ぎゅうっとヒッピーココが詰まったかわいい本になる事ができました。
感謝の気持ちでいっぱいです。

teddy bearは、特別な魔法を使う事ができる、
長きに渡って世界中のヒーローだから、
どんな時代であってもきっと私達に力を与えてくれます。

enjoy your teddy bear life.

Hippie COCO

著者● hippie coco

文化服装学院卒業後、セツ・モードセミナーに入学。 その後ロンドンに渡り、
1年半滞在。ロンドン滞在中にアーティストベアの存在を知り、帰国後の
1994年からベア作りを開始した。著書に『アンティーク好きが作るテディベア
とラビット』(文化出版局)、『hippie coco's planet』(ステュディオ・パラボリカ)
など。

執筆・撮影・イラスト● hippie coco

デザイン● ミルキィ・イソベ＋安倍晴美 (ステュディオ・パラボリカ)

型紙トレース● 大森裕美子

Special thanks● 川人修身 (osami bear)

hippie cocoのベアにまつわるお話と作り方

アンティーク・スタイルのテディベア

2020年10月10日　発　行　　　　　　　　　　　　　　　NDC594
2022年 7月 1日　第5刷

著　　　者　hippie coco
発　行　者　小川雄一
発　行　所　株式会社 誠文堂新光社
　　　　　　〒113-0033 東京都文京区本郷3-3-11
　　　　　　電話 03-5800-5780
　　　　　　https://www.seibundo-shinkosha.net/
印刷・製本　大日本印刷 株式会社

©2020, hippie coco.　　　　　　　　　　　　　　　　　　Printed in Japan

本書記載の記事の無断転用を禁じます。

落丁本・乱丁本の場合はお取り替えいたします。

本書に掲載された記事の著作権は著者に帰属します。これらを無断で使用したり、掲載の型紙、
デザイン等を使用した作品の展示・販売・講習会などを行うことを禁じます。
本書のコピー、スキャン、デジタル化等の無断複製は、著作権法上での例外を除き、禁じられて
います。本書を代行業者等の第三者に依頼してスキャンやデジタル化することは、たとえ個人や
家庭内での利用であっても著作権法上認められません。

JCOPY ＜(一社)出版者著作権管理機構　委託出版物＞
本書を無断で複製複写 (コピー)することは、著作権法上での例外を除き、禁じられています。
本書をコピーされる場合は、そのつど事前に、(一社)出版者著作権管理機構 (電話 03-5244-
5088 ／ FAX 03-5244-5089 ／e-mail：info@jcopy.or.jp)の許諾を得てください。

ISBN978-4-416-52084-0